Sabine Leppek

100 Dinge die Sie in Sachsen erlebt haben müssen

SUTTON FREIZEiT

Inhalt

Vorwort

Liebe Sachsen-Entdecker,

seit mehr als vier Jahren sammele ich gemeinsam mit den Hörerinnen und Hörern von RADIO PSR zahllose kleine und große Gründe, warum Sachsen so ein großartiges Land ist.
Neben tollen Menschen, bahnbrechenden Erfindungen und vielen Anekdoten aus der bewegten Geschichte bekomme ich immer wieder tolle Ausflugstipps, die ich jeden Tag gerne mit allen Sachsen teile.

Inzwischen ist die Liste so lang, dass ich damit ein ganzes Buch füllen kann. Und dieses Buch halten Sie nun in Ihren Händen.
Mit „100 Dinge, die Sie in Sachsen erlebt haben müssen" präsentiere ich Ihnen den offiziellen RADIO PSR-Ratgeber für die besten Tagesausflugsziele in unserem wunderschönen Freistaat, gespickt mit meinen ganz persönlichen Insider-Tipps. Ich hoffe, Sie haben genauso viel Spaß daran wie ich, Sachsen „neu" zu entdecken.

Ihre Miss Peggy

1 Wunderwasser in der Dübener Heide

Kraniche und Seeadler ziehen ihre Kreise, an den Ufern von Seen und Teichen stehen Biberburgen, unter mächtigen Buchen und Eichen glänzt Moos, klare Luft kitzelt die Nasen: Die Dübener Heide im Norden von Sachsen ist ein Eldorado für Naturfreunde und Geheimtipp für alle Großstädter.

Kleine, versteckte Buchten laden hier zum Baden und Relaxen ein. Wollen Sie aktiv sein, steht ein gut ausgebautes Netz an Wander- und Radwegen zur Verfügung. Wandern Sie doch einmal zum Gesundbrunnen, einem der bekanntesten Ziele der Gegend. Die Grundwasserquelle zwischen Bad Düben und Söllichau am Spatenweg hat schon seit hundert Jahren bei Ausflüglern einen guten Ruf. „Mit altem Brauch wird nicht gebrochen, hier können Familien Kaffee kochen", heißt es auf einer Ansichtskarte aus den 1920er-Jahren. Manche Sage rankt sich um den Ort: So soll ein kranker Schmiedegeselle auf dem Wege nach Düben trotz seiner Schmerzen einst einem winzigen Männlein geholfen haben, einen Stein auszugraben. Er trug ihn zu einer Quelle und warf ihn hinein. Das Wasser spritzte auf und färbte sich trüblich-gelb. Als er zu Hause ankam, stand da ein Krug mit dem gelblichen Wasser, das ihn schließlich gesunden ließ. Tatsächlich hat das eisenhaltige, natrium- und nitratarme Wasser auch später manchen Wanderer erfrischt und „gesundet".

Ein schöner Spaziergang zum Gesundbrunnen startet in Bad Düben: Vom Parkplatz Kurgebiet an der malerisch gelegenen Obermühle im Norden der Stadt führt der Weg aus der Stadt hinaus am Waldrand entlang bis in den Hochwald. Nach 3,5 Kilometern erreichen Sie den Gesundbrunnen.

Miss Peggys Tipp

Geocacher irren nicht gern ziellos durch den Wald. Suchen Sie doch einmal den „Unbedeutendsten Punkt der Erde" in der Dübener Heide. Koordinaten: E 012° 36.725' N 51° 37.363'.

Information: Naturparkhaus, Neuhofstraße 3a, 04849 Bad Düben; Tel.: 034243/72993; www.naturpark-duebener-heide.com.

Anfahrt: A14, Abfahrt Leipzig-Mitte; A9, Abfahrt Dessau-Ost.

2 Revolution in Stein: Schloss Hartenfels

Torgau gehört zu den sächsischen Städten, die man einfach gesehen haben muss. Ein Bummel durch die gut gepflegte Renaissancestadt sollte dabei genauso auf dem Programm stehen, wie ein Besuch von Schloss Hartenfels. Gerade dort gibt es vieles zu entdecken.

Die Schlosskirche zum Beispiel, den ersten protestantischen Kirchenneubau in Europa, entworfen nach Ideen des Reformators Martin Luther (1483-1546) und von ihm persönlich am 5. Oktober 1544 geweiht. Ihre Architektur zeigt die Grundzüge der protestantischen Kirchenlehre. Die Kanzel hat eine zentrale Stellung im Kirchenraum: Das Wort Gottes steht im Mittelpunkt. Bildmotive der Kanzel und die Farbgebung des Raumes gehen auf Lucas Cranach den Älteren (1472-1553) zurück. Über dem Altar ist die Orgel wirkungsvoll platziert. Sie verdeutlicht damit die große Bedeutung von Kirchenmusik.

Sehenswert ist auch der Große Wendelstein, der den Schlosshof dominiert und Bauingenieure wie Architekten noch immer ins Staunen versetzt. Baumeister Konrad Krebs (1492-1540) entwarf den Treppenturm ohne stützenden Mittelpfeiler. Hartenfels galt einst als modernes Wohnschloss. Hier versorgte sogar ein geheimer Getränkeaufzug leise klirrend den tafelnden Adel mit Nachschub. Der Schlosshof ist zentraler Ort und wird für kulturelle Veranstaltungen genutzt. Untrennbar mit der Geschichte des Schlosses sind die Bären verbunden. 1425 wurde der erste Bärenfang am Schloss erwähnt. Bis zu 30 Tiere lebten zeitweise im Bärengraben, bis diese Tradition im 18. Jahrhundert durch die Schlacht bei Torgau unterbrochen wurde. Erst in den 1950er-Jahren bauten Einwohner der Stadt in vielen freiwilligen Arbeitsstunden den Bärengraben wieder auf. Heute erfreuen die Bären sowohl die Torgauer als auch ihre Gäste.

Information: Schloss Hartenfels, Schlossstraße 27, 04860 Torgau; Tel.: 03421/7581089; www.schloss-hartenfels.de.

Öffnungszeiten: Schlosskapelle Mo–So 10–18 Uhr.
Eintritt: Schlosskapelle frei.
Anfahrt: B183 bis direkt ins Zentrum.

3 Dem Krokodil aufs Maul geschaut

Sie wollten schon immer einmal einem Krokodil ins Maul schauen, eine Schlange beim Fressen beobachten oder mit einer Vogelspinne auf Tuchfühlung gehen? Dann auf nach Döbrichau! Denn dort steht Europas größter Reptilienzoo. Auf mehr als 8.000 Quadratmetern Fläche bietet er einen Abstecher in die einzigartige Welt der Reptilien.

Mehr als zehn verschiedene Panzerechsenarten leben in der Krokodilhalle. In den 100 Terrarien wohnen Geckos, Echsen, Skorpione, Molche, Krabben. Im Schlangenhaus fühlen sich fünf der größten Riesenschlangenarten der Welt wohl. Auch Vogelspinnen, Insekten, Frösche und Schildkröten haben in dem Zoo ihr Zuhause gefunden und können aus nächster Nähe bestaunt werden. Besucher haben auf dieser exotischen Entdeckungsreise die Möglichkeit, den Tierpflegern bei ihrer Arbeit über die Schulter zu schauen und selbst beim Füttern beispielsweise der Riesenschildkröten mitzuhelfen. So erfahren sie viel Wissenswertes und manch Kurioses aus dem Reich der Reptilien. Für Mutige: Das eine oder andere Prachtexemplar können Sie sogar streicheln.

Der Reptilienzoo bietet eine lehrreiche und spannende Vorführung von mehr als 400 lebenden Tieren aus allen Kontinenten. Seit seiner Kindheit interessiert sich Fernando Richter, Chef des Zoos, für exotische Tiere. Seinen größten Wunsch, einen eigenen Reptilienzoo, konnte er sich ab 2005 mit dem Kauf eines riesigen Geländes erfüllen: 2012 wurde der Reptilienzoo eröffnet.

Information: Welt der Reptilien – Der Zoo, Feldstraße 3, 04886 Beilrode OT Döbrichau; Tel.: 01805009691; www.welt-der-reptilien-der-zoo.de.

Öffnungszeiten: Juni–Aug. täglich 10–19 Uhr; Apr./Mai Fr, Sa, So 10–18 Uhr, sonst Sa, So 10–18 Uhr.
Eintritt: 10 €, Kinder (3 bis 15 Jahre) 8 €, Familienkarte 33 €.
Anfahrt: B87.

4 Im Windmühlenland um Beilrode

Sie sind die modernsten aller Windmühlen: Holländerwindmühlen, die wegen ihrer Leistungsfähigkeit ab dem 16. Jahrhundert die bis dahin verbreiteten Bockwindmühlen verdrängten. Doch weil auch sie mit der industriellen Revolution im 19. Jahrhundert ihre Aufgabe verloren haben, besitzen diese geflügelten Bauwerke Seltenheitswert. In Beilrode steht noch ein prachtvolles Exemplar.

Es wurde um 1870 erbaut. Die fünfgeschossige Turmwindmühle ist eine der höchsten in Sachsen. Sie hat einen Flügeldurchmesser von 24 Metern; jede Rute ist zwölf Meter lang. Im Jahre 1908 griff der Müller dem Wind mit einem Elektromotor unter die Arme. Nach einigen Umbauten lief die Mühle bis 1978. Dann wurde der Betrieb eingestellt. Seit 1984 steht die Holländerwindmühle unter Denkmalschutz. Um sie vor dem Verfall zu retten, entschloss sich der Heimatverein zur Renovierung des Ziegelbauwerks. Seit 2002 ist sie nun wieder der Öffentlichkeit zugänglich, windgängig und mahlfähig wie zu ihrer besten Zeit.

Die Mühlenregion Nordsachsen wartet mit vielfältigen Mühlentypen auf. Mehr als 20 Mühlen stehen hier: von der dominanten Bockwindmühle über die Paltrockwindmühle, die Sächsische Turmwindmühle, die Motormühle, die Holländerwindmühle, bis hin zur Wassermühle und einer original erhaltenen historischen Schiffmühle. Zahlreiche Veranstaltungen und Aktionstage machen das Müllerhandwerk erlebbar. Höhepunkt im Jahr ist der Deutsche Mühlentag immer am Pfingstmontag.

Information: Mühlenstandort Beilrode: Ernst-Thälmann-Str. 160, 04886 Beilrode.

Weitere Mühlen und Angebote nennt der Verein Mühlenregion Nordsachsen: www.muehlen-nordsachsen.de.

Anfahrt: Ab Torgau über die B87 nach Beilrode.

5 Radeln mit dem Segen Gottes

Die aus Bruchsteinen gemauerte Dorfkirche von Weßnig, unweit von Torgau, ist das höchste Bauwerk in dem kleinen Dorf und liegt direkt am Elberadweg. 2003 erhielt das Gotteshaus eine zusätzliche Bestimmung. Es wurde zu Deutschlands erster Radfahrer-Kirche. Diese erlebt seitdem einen Besucheransturm.

Tausende Radler haben dort Station gemacht. Sie können in der Kirche einen Moment Ruhe finden, in der Bibel lesen, ein Gebet in das Fürbittbuch schreiben oder die Informationstafeln studieren. Das Haus soll jedoch nicht nur ein Rastplatz für Körper und Seele sein. Wichtig ist auch die theologische Dimension: „Chancen der Langsamkeit" oder „besser langsam" heißen die Mottos dieser Stätte.

1804 wurde das jetzige Gebäude eingeweiht. Wie die Vorgängerbauten an dieser Stelle, diente die Kirche den Menschen der umliegenden Orte zur Feier ihrer Gottesdienste. In den 1970er-Jahren beschloss die Evangelische Kirche jedoch, auf eine weitere Nutzung zu verzichten. Die Lage der Kirche direkt am Elberadweg zwischen Dresden und Dessau war der Auslöser für die Idee, eine Radfahrerkirche aus ihr zu machen und auf diese Weise eine der ältesten Kirchen der Region zu erhalten. Umfangreiche Sanierungsmaßnahmen innen wie außen haben das Kirchlein zu einem Schmuckstück werden lassen.

Information: Radfahrerkirche, Gutshof 1, 04861 Torgau, www.radfahrerkirche.de.

Öffnungszeiten: Mai–Okt. täglich 8–18 Uhr.
Eintritt: frei.

Pilzerlebniswelt in Taura

6

Große, kleine, essbare, giftige, mit Röhrenfutter oder mit Schwamm: Pilze sämtlicher Gattungen gibt es im Ferienpark Taura. Sammeln müssen Sie sie dort nicht erst: Anschaulich geordnet sind die Früchte des Waldes in einem in Europa einzigartigen Museum zu finden. Das Pilzmuseum Taura bietet einen Überblick über die wichtigsten Gift- und Speisepilze und dokumentiert die Geschichte der Pilzkunde.

Vor etwa einem Jahrzehnt kamen die passionierten Sammler Heiko und Andrea Anders auf die Idee, ein Museum zu eröffnen. Echte Pilze des Waldes, vor allem aus der Dahlener Heide, sollten darin ausgestellt werden. Gesagt, getan: Die Pilze wurden gesammelt, getrocknet, tiefgefroren, gefriergetrocknet bis zu zwei Prozent Restfeuchte, präpariert, in Vitrinen und Schaukästen dekoriert und ausgestellt. Tausende Pilze, die etwa 900 Arten umfassen, sind es mittlerweile geworden. Geordnet nach Gattungen, Jahreszeiten, in denen sie wachsen, aber auch nach den Kategorien Speisepilze und Giftpilze. Den Betreibern des Pilzmuseums Taura ist es ein wichtiges Anliegen, mit ihrer Ausstellung zum Wandern durch die Wälder der Dahlener Heide zu motivieren. Nach Voranmeldung gehen sie gern mit Besuchern auf Führung durchs Museum, machen geführte Wanderungen und Pilzseminare.

Information: Pilzmuseum im Ferienpark Taura, Waldstraße 30, 04889 Belgern-Schildau; Tel.: 034221/62174; www.ferienpark-taura.de.
Öffnungszeiten: Mi–So ab 11.30 Uhr, Mo, Di Ruhetag, an Feiertagen geöffnet. Das Ende der Öffnungszeit orientiert sich an der Nachfrage.
Eintritt: 2 €, Kinder 1 €.
Anfahrt: A14 Abfahrt Mutzschen, Richtung Wermsdorf, Torgau bis Abzweig Taura, danach ausgeschildert.

7 Aufs Völkerschlachtdenkmal klettern

Vor den Toren Leipzigs ragt das Wahrzeichen der Stadt, das berühmte Völkerschlachtdenkmal, in den Himmel. Es erinnert an die Schlacht gegen Napoleon im Jahre 1813 und gilt als größtes Denkmal Europas. Man gelangt über 501 Stufen auf die 91 Meter hohe Aussichtsplattform.

Nach Entwürfen des Berliner Architekten Bruno Schmitz (1858-1916) errichtet, wurde das gewaltige Monument nach 15-jähriger Bauzeit im Beisein von Kaiser Wilhelm II. (1859-1941) im Oktober 1913 eingeweiht. Der Granitporphyr an den Außenseiten stammt aus Beucha, einem Steinbruch in der Nähe von Leipzig. Die gewaltige Kuppel zieren im oberen Teil 324 Reiterreliefs. Krypta, Ruhmeshalle als Hauptraum und die dreigeteilte Kuppel bilden die drei Teile des Denkmals. Im Hauptraum stehen vier Kolossalsitzfiguren, die die Volkstugenden Tapferkeit, Selbstvertrauen, Volkskraft und Opferbereitschaft darstellen.

Erbaut wurde das Denkmal genau dort, wo die Hauptkämpfe stattfanden. Das furchtbare Gemetzel im Oktober 1813 auf den Feldern rund um Leipzig war die entscheidende Schlacht. Mit 600.000 beteiligten Soldaten – und 110.000 Gefallenen – war dies bis zu Beginn des 20. Jahrhunderts die größte Feldschlacht der Weltgeschichte. Die Heere Russlands, Preußens, Österreichs und Schwedens errangen hier den entscheidenden Sieg über Napoleon und seine Verbündeten auf deutschem Boden.

Alljährlich veranstalten Traditionsvereine aus ganz Europa an den Original-Schauplätzen historische Darstellungen zur Völkerschlacht, die Besuchern die Gelegenheit geben sollen, der Geschichte nachzuspüren.

Information: Völkerschlachtdenkmal, Straße des 18. Oktober 100, 04277 Leipzig, www.voelkerschlachtdenkmal.eu.
Öffnungszeiten: Apr.–Okt. täglich 10–18 Uhr, Nov.–März täglich 10–16 Uhr.

Eintritt: 8 €, Kinder und Jugendliche bis 18 Jahre 6 €, Familienkarte 16 €.
Anfahrt: A38, Abfahrt Leipzig-Südost, Richtung Leipzig, an der Kreuzung mit der B186 geradeaus, bis links das Völkerschlachtdenkmal zu erkennen ist.

8 Gedächtnis des Landes: Deutsche Nationalbibliothek

Im Südosten von Leipzig befindet sich der gewaltige Komplex der Deutschen Nationalbibliothek. Rund 17 Millionen Medieneinheiten lagern dort. Täglich kommen neue dazu. Fast jeder, der in Leipzig studiert oder geforscht hat, saß schon einmal in dem großen Lesesaal mit Massivholztischen und Leselampen. Denn was auch immer Sie an Publikationen suchen, in Deutschlands umfassendster Bibliothek werden Sie es bestimmt finden.

Die Bedeutung der Nationalbibliothek ist eine für Deutschland einzigartige. Ihre Aufgabe ist es, alle deutschen und deutschsprachigen Publikationen ab 1913, im Ausland erscheinende Übersetzungen deutschsprachiger Werke sowie die zwischen 1933 und 1945 erschienenen Bücher von deutschsprachigen Emigranten zu sammeln, zu archivieren und der Öffentlichkeit zugänglich zu machen. Damit dies überhaupt funktionieren kann, ist jeder, der in der Bundesrepublik etwas veröffentlicht, dazu verpflichtet, der Deutschen Nationalbibliothek zwei kostenlose Exemplare zur Verfügung zu stellen. Auf diese Weise wächst der Fundus der Bücherei enorm, täglich kommen rund 1.500 neue Werke zum Bestand dazu. Und das nicht nur in Schriftform, sondern auch als digitale Publikationen.

Die Gebäude beherbergen neben der Bibliothek auch das Deutsche Buch- und Schriftmuseum, die Sammlung Exil-Literatur 1933 bis 1945 sowie die Anne-Frank-Shoah-Bibliothek und das 1970 gegründete Deutsche Musikarchiv.

Miss Peggys Tipp

Leipzig ist auch als Bücherstadt bekannt. Wo, wenn nicht hier, wäre genau der richtige Ort für Europas größtes Lesefestival. „Leipzig liest" ist eine Erfolgsveranstaltung, wie es sie nirgendwo sonst gibt. Im Rahmen der alljährlich im Frühjahr stattfindenden Buchmesse lesen tausende Autoren und Mitwirkende aus ihren Werken vor. Auf dem Messegelände, im Bahnhof, in Bibliotheken, Buchhandlungen, Geschäften, Kneipen, Cafés, Kirchen: Sie werden in dieser Zeit kaum einen Platz in der Messestadt finden, wo nicht vorgelesen wird.

Information: Deutsche Nationalbibliothek, Deutscher Platz 1, 04103 Leipzig; Tel.: 0341/2271453; www.dnb.de.

Öffnungszeiten: Lesesäle, Anmeldung und Bücherausgabe: Mo–Fr 9–22 Uhr, Sa 10–18 Uhr.
Anfahrt: ab Hauptbahnhof Straßenbahnlinie 16, Richtung Lößnig, Haltestelle Deutsche Nationalbibliothek.

9 Uralte Gesangskunst aus jungen Kehlen

Seit mehr als 800 Jahren erklingen seine Stimmen: Der Thomanerchor ist untrennbar mit der Geschichte Leipzigs und dem Namen Johann Sebastian Bach (1685-1750) verbunden. Unter der Leitung dieses Thomaskantors erlebte der Chor in der ersten Hälfte des 18. Jahrhunderts eine Blütezeit. Heute ist der weltweit berühmte Knabenchor einer der wichtigsten musikalischen Botschafter der Stadt.

Der Thomanerchor wurde 1212 gegründet. Johann Sebastian Bach leitete ihn während seiner 27-jährigen Schaffenszeit in Leipzig. Die Mitglieder des Chores, die Thomaner, leben, lernen und proben im Thomas-Alumnat und besuchen ab der Gymnasialstufe die Thomasschule, ein Gymnasium der Stadt Leipzig. Ihre musikalische Hauptwirkungsstätte ist die Thomaskirche. Der musikalische Schwerpunkt des Chores liegt auf der Pflege der geistlichen Musik. Dieser kann man beispielsweise freitags, 18 Uhr, bei der Motette und sonnabends, 15 Uhr, bei der Bach-Kantate in der Thomaskirche lauschen. Die im 12. Jahrhundert zur Klosterkirche umgebaute Thomaskirche zählt zu den bedeutendsten spätgotischen Hallenkirchen Sachsens. Die Konstruktion des auffällig steilen Dachs, mit einem Firstwinkel von 63 Grad eines der steilsten Giebeldächer in Deutschland, geht auf Erfahrungen aus dem Festungsbau zurück: Feuerkugeln schlugen nicht ein, sondern glitten ab.

Miss Peggys Tipp

Weltweit einzigartig ist das Bachfest Leipzig, das jährlich um Christi Himmelfahrt stattfindet. Renommierte Künstler gestalten bei diesem internationalen Musikfestival an den Wirkungsstätten Bachs ein Programm, das den Bogen vom 17. Jahrhundert bis heute spannt. Weil neben Bach viele weitere berühmte Komponisten in Leipzig wirkten (etwa Richard Wagner (1813-1883), Felix Mendelssohn Bartholdy (1809-1847)), gibt es die Leipziger Notenspur. Auf 5,1 Kilometern Spazierstrecke sind die wichtigsten musikalischen Schauplätze verbunden.

Information: Thomaskirche - Bach 2000 Marketing GmbH, Thomaskirchhof 18, 04109 Leipzig; Tel.: 0341/22224200; www.thomanerchor.de; www.thomaskirche.org.

Öffnungszeiten: Thomaskirche: täglich 9–18 Uhr;
Turmführungen: Apr.–Nov. Sa 13, 14, 16.30 Uhr, So 14 und 15 Uhr.
Eintritt: Turmführung 2 €, Kinder bis 12 Jahre frei.

10 „Ohne Gaffee gönn mer nich gämpfn!“

Warum werden die Sachsen eigentlich „Kaffeesachsen“ genannt? Diesen Spitznamen bekamen sie im Siebenjährigen Krieg vom Preußen-König Friedrich II. Weil die Soldaten keinen Kaffee bekamen, lag die Kampfmoral darnieder. Die Männer verweigerten den Einsatz mit dem Argument „Ohne Gaffee gönn mer nich gämpfn!“

Kaffee ist ganz wichtig für die Sachsen. In Leipzig können sich Genießer der Schälchen „Heeßen“ auf Spurensuche begeben. Hier befindet sich eines der ältesten Kaffeehäuser Europas. 1556 wird es in den städtischen Ratsbüchern erwähnt. Seit 1720 ziert eine Portalplastik die Fassade. Dieses Haus- und Gewerbezeichen trug ihm den Namen „Zum Arabischen Coffe Baum“ ein. Ob die barocke Plastik mit dem stattlichen Osmanen samt Amor wirklich ein Geschenk Augusts des Starken als Dank für erbrachte Liebesdienste der damaligen Wirtin Johanna Lehmann war, ist ein Geheimnis.

Im Kaffeehaus befinden sich verschiedene Restaurants, ein Arabisches Café, ein Wiener Café, ein Café Francais und seit 1999 auch das Kaffee-Museum mit mehr als 500 Ausstellungsstücken: Kaffeemühlen, altes Meissner Porzellan und sogar eine Tasse, aus der Napoleon 1813 getrunken haben soll. Johann Sebastian Bach erklärte während seiner Leipziger Zeit mit der Kaffee-Kantate seine Liebe zum Getränk.

Miss Peggys Tipp

Goethes Faust rief: „Mein Leipzig lob ich mir!“. Damit setzte der Dichter der Stadt ein Denkmal. „Auerbachs Keller“ verdankt seine Berühmtheit dem Dichter, der als Student dort oft einkehrte und die Szene mit Fausts Fassritt da ansiedelte. Gut essen kann man hier immer noch.

Information: „Zum Arabischen Coffe Baum“, Kleine Fleischergasse 4, 04109 Leipzig, Tel.: 0341/9610060; www.coffe-baum.de. Museum: Tel.: 0341/9651319.

Öffnungszeiten: Museum: täglich 11–19 Uhr.
Eintritt: Museum frei.
Anfahrt: Bus: Linie 89, Haltestelle Markt, S-Bahn: S1-S5, Haltestelle Markt.

Unterwegs im Auwald

11

Viel Natur und gesunde Luft gibt es in Leipzig auch. Mitten durch die City zieht sich mit 2.500 Hektar Fläche eines der größten Auwaldgebiete Mitteleuropas. Entdecken lässt sich diese grüne Oase, die sich von Nord nach Süd in einem breiten Streifen erstreckt, zu Fuß, mit dem Fahrrad oder auch hoch zu Ross.

Verirren können sich die Ausflügler kaum, erwartet sie doch ein gut angelegtes und ausgebautes Wegenetz. Verschiedene Aussichtspunkte und Lagerfeuerplätze laden zum Verweilen ein. Kinder können sich auf mehr als zehn Waldspielplätzen austoben. Ein guter Ausgangspunkt für eine Tour ist die Auwaldstation, die den Besuchern die Vielfalt des Naturschutzgebietes nahe bringt.

Eine Attraktion im Auwald ist der Schlosspark Lützschena. Der Leipziger Kaufmann Maximilian Speck von Sternburg (1776–1856) erwarb 1822 das Rittergut Lützschena und legte einen englischen Park naturnah an. Besonders im Mai ist er einen Ausflug wert, wenn sich die Farben der Hartholzaue mit denen der Bärlauchblüten mischen.

Entstanden ist dieser Auenwald durch regelmäßige Überschwemmungen der Flüsse Pleiße, Elster und Luppe. Kontrollierbar wurden die Wassermassen erst durch Gräben, Kanäle und zahlreiche Wehre. Heute ermöglichen diese den Anschluss an das Wassertransportsystem.

Information:
www.leipziger-auwald.de.

12 Zelebrierte Düsternis in Leipzig

Leipzig trägt schwarz: Die Straßen sind plötzlich voller schwarzgekleideter Menschen, eine schwarze Straßenbahnlinie fährt, die Schaufenster der Geschäfte in der Innenstadt tragen Trauerflor. Dann ist Pfingsten in Leipzig – und das Wave-Gotik-Treffen findet statt.

Das WGT, wie es von Fans und Einheimischen kurz und knapp genannt wird, ist das größte Gothic-Festival der Welt. Seit 1992 lockt es alljährlich zu Pfingsten zu einem Spektakel der besonderen Art in die Stadt. Von überall her reisen Grufties, Cybergoths, Düstermetaller, Steampunks, neo-viktorianische Schwarzromantiker, Electro-, Mittelalter- und Fetischfans nach Leipzig. Meist werden mehr als 20.000 Teilnehmer pro Jahr gezählt. In den vier Tagen des Festivals wartet auf den Besucher neben hunderten Konzerten auch ein vielfältiges kulturelles Programm. Dazu gehören unter anderem Club-Partys, Lesungen, Ausstellungen, Live-Rollenspiele, Mittelaltermärkte und Konzerte unterschiedlichster Musikstile.

Miss Peggys Tipp

Wie wäre es mit einer Anreise nach Leipzig mit der ersten Mitflugzentrale? Der flyt.club funktioniert wie eine Mitfahrzentrale. Hobby-Piloten melden sich bei dem Portal, bieten ihre Flugstrecken an und die Anzahl der freien Plätze. Kurzstrecken gibt's sogar schon ab 55 Euro. Die Piloten machen keinen Gewinn, sie dürfen per Gesetz nur ihre Kosten decken, deshalb sind die Flüge auch schon für kleines Geld zu haben. Das Schönste aber ist, dass die Maschinen viel niedriger fliegen als Passagiermaschinen und so der Flug an sich bereits ein tolles Erlebnis ist.

Information:
www.wave-gotik-treffen.de.

13 Im Reich der Menschenaffen

Das 2001 eröffnete Pongoland im Leipziger Zoo ist mit einer Fläche von 30.000 Quadratmetern die größte Menschenaffenanlage der Welt – und Magnet für die Besucher, die die Tiere nah an ihren Lebensbedingungen in den Außen- und Innengehegen beobachten können.

Im Zentrum steht die bis zu 19 Meter hohe, 1.600 Quadratmeter große Tropenhalle. Künstliche Fels- und Uferformationen, tropische Bäume und Vögel sollen es den Affen so richtig angenehm machen.

Der Leipziger Zoo ist einer der weltweit renommiertesten und ältesten: 1877/78 wurde er als Privatzoo von Ernst Pinkert, dem Pächter des Geländes an der Pfaffendorfer Straße, geschaffen. Seit 1920 ist der Zoo in städtischem Besitz. Mehr als 1.000 Tierarten sind inzwischen dort Zuhause. Neben dem Pongoland bietet der Zoo noch weitere Attraktionen, beispielsweise die Tropenerlebniswelt Gondwanaland. Dort erwartet die Besucher ein Regenwald mit 16.500 Quadratmetern Fläche und einer Vielfalt an Pflanzen und Tieren. Besucher gucken durch Unterwasserschaufenster, klettern über Hängebrücken in den Baumwipfeln und durch die Tiefen des Urwalds.

Miss Peggys Tipp

Apropos Klettern: Der Kletterturm in Mockau, ein alter Wasserturm, ist die höchste Indoor-Kletteranlage Europas mit Möglichkeiten zum Klettern und Bouldern. Wer Nervenkitzel liebt, kann sogar Houserunning ausprobieren und 40 Meter senkrecht über eine Hauswand spazieren. Das ist Adrenalin pur!

Information: Zoo Leipzig, Pfaffendorfer Str. 29, 04105 Leipzig; Telefon: 0341/5933385; www.zoo-leipzig.de.

Öffnungszeiten: täglich 9–17, 18 oder 19 Uhr (je nach Saison).

Eintritt: Sommerpreise: 21. März–31. Okt.: 18,50 €, erm. 15 €, Kinder (4 bis 14 Jahre) 11 €, Familienkarte 47 €; Winterpreise: 1. Nov.–20. März: 16 €, erm. 13 €, Kinder (4 bis 14 Jahre) 9 €, Familienkarte 40 €.

Anfahrt: Straßenbahn: Linie 12, Richtung Gohlis Nord, Haltestelle Zoo. Linien 9, 10, 11 oder 16: Haltestelle Wilhelm-Liebknecht-Platz. Linien 1, 3, 4, 7, 9, 12, 14, 15: Haltestelle Goerdelerring. Auto: über die B87.

14 Einen Porsche testen

Lust auf eine Spritztour mit `nem schicken Porsche? Einmal den Geschwindigkeitsrausch spüren und die Motorkraft der PS-Boliden ausreizen? Wer dies und sich selbst austesten möchte, dem bietet das Porsche-Werk in Leipzig dazu Gelegenheit.

Meistern können Sie die FIA-zertifizierte Rundstrecke als Co-Pilot an der Seite eines Motorsportprofis, zum Beispiel in einem 911 GT3 Cup Rennfahrzeug. Oder übernehmen Sie selbst in einem Fahrzeugmodell Ihrer Wahl das Steuer.

Der Automobilbauer hat mit viel Kreativität und einem Millionen-Aufwand eine Asphaltpiste installiert, bei der Teile legendärer europäische Rennstrecken, etwa von Monza, nachgebaut wurden. Seit 2014 liegt deshalb auch ein Stück Nürburgring im Originalmaßstab in der Leipziger Ebene. Das Caracciola-Karussell ist eine 450 Meter lange Steilkurve aus der Nordschleife der Grünen Hölle. Zusätzlich im Angebot: Die einer kurvenreichen Landstraße nachempfundene Handlingstrecke. Hier steht nicht die Geschwindigkeit im Vordergrund, sondern vor allem die Geschicklichkeit des Fahrers. Auf 2,2 Kilometern lassen sich realistische Überlandfahrten erleben. Für das Austesten des richtigen Bremsverhaltens auf nasser Fahrbahn gibt es auf Knopfdruck eine 150 Meter lange bewässerte Dynamikfläche.

Information: Porsche Leipzig GmbH, Porschestraße 1, 04158 Leipzig; Tel.: 0341/999-13588; www.porsche-leipzig.com.

Anfahrt: A14, Abfahrt Leipzig Nord oder Schkeuditz.

Großes Theater für kleine Leute

15

Bretter, die die Welt bedeuten – schon für die Jüngsten: Das bietet Leipzig mit dem Theater der Jungen Welt, Deutschlands ältestem professionellen Kinder- und Jugendtheater. Mit rund 700 Vorstellungen pro Spielzeit ist es meistspielender Kulturbetrieb der Stadt.

Wann das Theater genau gegründet wurde, ist nicht bekannt. Man nimmt deshalb das Datum des ersten aufgeführten Stücks, Erich Kästners (1899-1974) „Emil und die Detektive" am 7. November 1946, zu Hilfe. Nach mehreren Ortswechseln fand das Theater im ehemaligen Haus der Volkskunst in Lindenau ein dauerhaftes Domizil.
Außerdem wird mobil im Theaterbus gespielt, im Kindergarten oder im Klassenzimmer. Heute vereint das Theater der Jungen Welt Schauspiel und Musiktheater für Kinder und Jugendliche, Puppentheater und diverse andere Sparten bis hin zur Tanzperformance für Schauspieler. Mittlerweile gibt es ein Repertoire von mehr als vierzig Stücken für ein Publikum aller Altersgruppen, angefangen vom zweijährigen Knirps. Theater der Generationen zu sein sowie mit dem Publikum zu kommunizieren, sind die erklärten Ziele des Theaters.

Information: Theater der Jungen Welt, Lindenauer Markt 21, 04177 Leipzig; Karten-Tel.: 0341/4866016; www.theaterderjungenweltleipzig.de.

Öffnungszeiten: Theaterkasse & Besucherservice Mo–Fr 11–18 Uhr, Sa 11–14 Uhr.
Anfahrt: B87 oder Straßenbahnlinien 7, 8, 15 und Buslinien 74, 130, 131 bis Haltestelle Lindenauer Markt.

16 Wildwasserspaß im Kanupark

Der Kanupark Markkleeberg zählt zu den 100 beliebtesten Sehenswürdigkeiten in Deutschland und lockt Wassersport-Abenteurer aus dem In- und Ausland an. Wer es ruhiger mag, fährt Drachenboot. Oder radelt. Oder wandert, oder badet. Der Markkleeberger See im Süden von Leipzig bietet mannigfaltige Möglichkeiten.

Wer seine Freizeit aktiv gestalten will, findet im Markkleeberger See ein ideales Ausflugsziel. Das 252 Hektar große Gewässer entstand durch die Flutung eines alten Braunkohlereviers und wurde 2006 für die Öffentlichkeit freigegeben. Umrundet von einem 9,2 Kilometer langen Uferrundweg, kann man hier wandern, skaten und Radfahren. Am Nordufer entstanden eine 415 Meter lange Seepromenade und ein Strandbad. Am Bootssteg startet das Solarschiff SOLARIA I zu Seerundfahrten. Im April 2007 öffnete in der Auenhainer Bucht der Kanupark, Deutschlands modernste Wildwassersportanlage. Nationale und internationale Wettkämpfe finden hier statt. Mannschaften aus dem In- und Ausland kommen regelmäßig zum Training. Der Kanupark Markkleeberg ist aber nicht nur für Profis interessant, auch Freizeitsportler kommen hier auf ihre Kosten. Auf beiden 270 Meter und 130 Meter langen Wasserkanälen werden unter anderem Rafting und Hydrospeed, auch für Wildwasserneulinge, angeboten. Die künstlichen Stromschnellen sorgen für Adrenalin pur. Auf Wunsch kann die geballte Wasserkraft noch erhöht werden. Laut einer Online-Umfrage von der Deutschen Zentrale für Tourismus e.V. (DZT) wurde der Kanupark Markkleeberg zu den 100 beliebtesten Sehenswürdigkeiten in Deutschland gewählt.

Information: Kanupark Markkleeberg, Wildwasserkehre 1, 04416 Markkleeberg OT Auenhain; Tel.: 034297/141291; www.kanupark-markkleeberg.com.
Eintritt: Rafting ab 41,50 €, Tubing ab 29 €, Kajak ab 20 €, Drachenboot ab 129 €.

Öffnungszeiten: Apr.–Okt. täglich ab 10 Uhr, Nov.–März nur Sa, So und Feiertage.
Anfahrt: B2/B95, Abfahrt Markkleeberg, Richtung Markkleeberg-Ost bzw. Wachau. A38, Abfahrt Leipzig-Südost, Richtung Naunhof/Grimma, nach 300 Metern rechts Richtung Güldengossa, in Auenhain örtlicher Parkplatz-Ausschilderung folgen.

17 Nervenkitzel beim Pharao

Pyramiden gibt es nicht nur in Ägypten, sondern auch in Sachsen. Im Süden von Leipzig erhebt sich im AbenteuerReich BELANTIS ein riesiger Bau, der mit 38 Metern Höhe sogar die größte Pyramide Europas ist.

Im Inneren verbirgt sich kein Pharaonengrab, sondern eine rasante Wildwasserattraktion. Wer mitfährt, für den geht's zunächst 26 Meter hoch, um dann donnernd eine 45 Grad steile Bahn hinab zu rasen. Für Freudenschreie ist dabei gesorgt, nur kann es passieren, dass Sie nass werden. Macht nichts, denn gleich daneben steht ein riesiger Trockenfön.

Belantis hat jedoch noch mehr als das zu bieten. Seit seiner Eröffnung 2003 entwickelte sich der Freizeitpark zu einem der beliebtesten Ausflugsziele für Familien in Mitteldeutschland. Insgesamt 60 Attraktionen laden ein, in längst vergangene Zeiten abzutauchen und dabei eine fantasievolle Welt der Indianer, Ritter und Pharaonen zu entdecken. Der Besucher wird in acht Themenwelten entführt. Neben dem Tal der Pharaonen warten das Schloss Belantis, der Strand der Götter, das Land der Grafen, die Insel der Ritter, die Prärie der Indianer, die Küste der Entdecker und das Reich der Sonnentempel auf alle Weltreisenden. Adrenalin-Fans garantieren die zahlreichen rasanten Fahrgeschäfte einen Tag lang Nervenkitzel. So sorgen die Riesenschwungpendel „Belanitus Rache“ und „Huracan“, wo Mutige mit 95 Grad Gefälle in die Tiefe stürzen, für Kribbeln im Bauch. Fahrspaß für die ganze Familie bieten die „Cobra des Amun Ra“, der „Drachenritt“ oder die Schiffsschaukel „Santa Maria“. Auch an die Kleinsten ist gedacht. Sie können eine Fahrt auf der Kleinkindachterbahn „Huracanito“ erleben oder toben sich auf einem der vielen Spielplätze aus. Spaß und Action sind also für jeden garantiert. Und wer nur zuschauen möchte, kann Shows oder wechselnde Mit-Mach-Veranstaltungen besuchen.

Information: AbenteuerReich BELANTIS,
Zur Weißen Mark 1, 04249 Leipzig; Tel.: 0341/91033333; www.belantis.de.
Öffnungszeiten: 24. März bis 31. Oktober. Täglich ab 10 Uhr. Ende saisonal abhängig.

Eintritt: Tageskasse: 31,90 €, Kinder unter 5 Jahren frei. Online-Preise: shop.belantis.de.
Anfahrt: A38, Ausfahrt Leipzig–Neue Harth.

18 Unter der Linde von Collm

Wenn alte Bäume reden könnten, würden sie uns Geschichten erzählen, von Dorfgemeinschaften, die unter ihrem Blätterdach tanzten und musizierten, von Liebenden, die ihre Botschaften in den Stamm ritzten, aber auch von Kriegen, von Seuchen, von Krankheiten.

Ein Baum, der ganz sicher viel erlebt hat, steht auf dem Friedhof vor der kleinen Kirche in Collm, einem Ortsteil von Wermsdorf. Mehr als 1.000 Jahre ist diese Linde alt und gehört damit zu den ältesten Bäumen in Deutschland. Stolze 18 Meter Höhe und einen Stammumfang von elf Metern hat Collms Linde vorzuweisen. Erstmals wurde sie im 12. Jahrhundert erwähnt, als unter ihren Ästen die sogenannten Landdinge der Meißner Markgrafen durchgeführt wurden. Bei den Landdingen trafen sich die wichtigsten Personen des Landes, um über Landkäufe, Schenkungen, familiäre Bindungen und Straftaten zu verhandeln. Bei der ersten Versammlung wurden die Grenzen des zuvor gegründeten Klosters Altzella festgelegt. Später benutzten die örtlichen Gerichtsherren die Linde als Pranger.

Die vielen Jahre gingen nicht spurlos an dem Baum vorbei. 1926 und 1953 wurde der Stamm ausgemauert, um das sich auflösende Kernholz zu ersetzen. Seit 1949 steht die Linde unter Naturschutz. Jedes Jahr sprießt und blüht sie wieder in jugendlicher Frische. Im Sommer bietet ihr Geäst Hornissen und Langohrfledermäusen ein Zuhause. Ein besonders schönes Erlebnis ist es, dem Summen der Hummeln und Bienen zur Zeit der Lindenblüte zu lauschen.

Miss Peggys Tipp

Der größte Wildapfelbaum Deutschlands ist in Cunnersdorf bei Glashütte zu finden. Er ist schätzungsweise 180 Jahre alt, 13 Meter hoch, hat einem Stammumfang von 3,20 Meter und eine wunderschöne Krone. Obwohl er ganz allein auf einem Feld steht und auch keinen Schutz durch andere Bäume hat, hat er sämtliche Wetterunbilden bisher gut überstanden.

Information: Touristinformation Wermsdorf, Altes Jagdschloss 1, 04779 Wermsdorf; Tel.: 034364/81132; www.wermsdorf.de.

Anfahrt: B6 bis Oschatz, Wermsdorfer Straße, abbiegen nach Collm.

19 Auf großem Fuß in Leisnig

Stolze 4,90 Meter hoch, eine Sohlenlänge von 2,20 Meter, 42 Zentimeter Absatzhöhe und 439 Kilogramm schwer: Selbst der gestiefelte Kater wäre bei einem solch großen Schuh ins Staunen gekommen. Doch Schuhgröße 330 wäre auch für ihn zu groß gewesen. Nicht zu groß ist der Riesenstiefel für Leisnig. Anlässlich des 950. Stadtjubiläums gefertigt, gilt er als größter Stulpenstiefel der Welt.

1925, zum 60-jährigen Bestehen der Döbelner Schuhmacherinnung, fertigten sechs Schuhmachermeister einen Riesen-Stulpenstiefel an. Zunächst erntete dieses Meisterwerk der Schuhmacherkunst Bewunderung und einen Ehrenplatz im Döbelner Rathaus. Im Laufe der Zeit jedoch geriet der Stiefel in Vergessenheit. Das gefiel dem Schuhmachermeister Gerhard Berthold ganz und gar nicht. Er holte das gute Stück nach Leisnig und brachte es wieder auf Vordermann. Danach wurde der Stiefel im damaligen Kreismuseum auf Burg Mildenstein ausgestellt. Nach der Wende bemühte sich die Stadt Döbeln 1990 um eine Rückführung, was den Leisnigern natürlich missfiel. Noch während des Streits um den Riesenstiefel hatten die beiden Schuhmachermeister Gerhard Berthold und Rolf Neidhardt die Idee, einen neuen, noch größeren Stiefel für Leisnig zu fertigen. Die bevorstehende 950-Jahr-Feier sollte als Anlass dienen, den neuen Riesenstiefel der Öffentlichkeit zu präsentieren. Am 21. Juni 1996 stellten die Schuhmacher dann auch den nunmehr größten Stulpenstiefel der Welt vor. Ein Jahr später folgte der Eintrag ins Guinness-Buch der Rekorde. 2010 bekam Döbeln den alten Riesenstiefel zurück.

Heute können Sie den Leisniger Riesenstiefel hinter Glas im eigens dafür sanierten und umgebauten Gebäude im Vorhof der Burg Mildenstein besichtigen. Der Riesenstiefel hat sich zum Touristenmagnet und Wahrzeichen der Stadt entwickelt.

Information: Stiefelmuseum,
Am Burglehn 9, 04703 Leisnig,
www.leisnig.de.

Öffnungszeiten: individuell zu erfragen übers Gästeamt Leisnig,
Tel.: 034321/637090.
Eintritt: 2 €, Kinder bis 12 Jahre frei.
Anfahrt: A14, Abfahrt Leisnig.

20 Mit der Pferdebahn durch Döbeln zuckeln

Mit Pferdestärke und Hufeklappern geht's gemütlich durch die Innenstadt. Döbeln bietet seinen Besuchern mit den Fahrten der historischen Pferdebahn ein lebendiges Museum der besonderen Art. Auf der eineinhalb Kilometer langen Strecke erleben Sie Urigkeit und Fahrgefühl von anno dazumal.

Der Waggon, in dem die Fahrgäste sitzen, fährt auf Schienen und wird von einem oder mehreren Pferden gezogen. Die Gleise verlaufen direkt durch die Fußgängerzone der Altstadt und sind, genau wie vor über 100 Jahren, nur für die Pferdebahn da. Das 1892 eingeweihte Relikt aus der Anfangszeit des öffentlichen Nahverkehrs ist inzwischen einmalig in Deutschland. Von Mai bis Oktober rattert die Pferdebahn jeden ersten Sonnabend im Monat und nach Voranmeldung an jedem gewünschten Termin.

Abfahrt und Ankunft sind am Deutschen Pferdebahnmuseum, das sich in dem Zusammenhang für einen Besuch geradezu anbietet. Die Ausstellung zeigt auf 50 Schautafeln die Geschichte der Pferdebahn, zahlreiche Vorläufer und Varianten, technische Entwicklungen wie Rillenschienen und Drehscheiben, die Ausbreitung von Pferdebahnen in Deutschland, Europa und weltweit, besondere Funktionen wie Insel-, Hotel-, Hospital- und Einschienenbahnen sowie die Ablösung der Pferdebahn durch die Elektrische.

Information: Deutsches Pferdebahnmuseum Döbeln, Niederwerder 6, 04720 Döbeln; Tel.: 03431/704208; www.doebelner-pferdebahn.de.
Öffnungszeiten: Di–Fr 10–17 Uhr, Sa 9.30–12.30 Uhr.
Eintritt: Museum: 3,50 €, Kinder (3 bis 14 Jahre) 1,75 €, Familienkarte 7,50 €. Pferdebahn: 5 €, Kinder (3 bis 14 Jahre) 2,50 €, Familienkarte 12 €. Kombikarte: 8€, Kinder (3 bis 14 Jahre) 4 €, Familienkarte 18 €.
Anfahrt: B169/B175 nach Döbeln, Bahnhofstraße, Theaterstraße, Breite Straße bis zum Museum.

21 Friedrich-August-Turm: Ein Turm für einen König

Ein beliebtes Ausflugsziel zwischen Wechselburg und Rochlitz ist der Rochlitzer Berg. Er zählt mit seiner Bewaldung und seinem Porphyrgestein zu den bedeutendsten Geotopen Deutschlands. Auf seinem Gipfel und aus vielen Richtungen schon von Weitem zu sehen, steht der Friedrich-August-Turm.

Der Aussichtsturm besteht vollständig aus dem heimischen roten Porphyr. Errichtet wurde er nach Plänen des Freiberger Professors Eduard Heuchler zum Gedenken an Friedrich August II. (1797–1854), da der König oft in dieser Gegend geweilt hatte. Das belegt auch die Marmortafel, die direkt über dem Eingang des Turmes befestigt ist. Darauf zu lesen ist folgende Inschrift:
Dem König
Friedrich August II. von Sachsen
Errichtet durch seines Volkes Liebe
MDCCCLIX.
Die römischen Ziffern stehen für das Jahr 1859, das Vollendungsjahr des Turmes. Eingeweiht wurde er jedoch erst am 18. Mai 1860, dem Geburtstag des bei einem Kutschunfall in Österreich verstorbenen Königs.
128 Stufen führen hinauf auf den 27 Meter hohen Turm. Oben bietet sich ein traumhafter Rundumblick vom Kamm des Erzgebirges bis zum Völkerschlachtdenkmal in Leipzig und dem Collmberg in Oschatz. Gleich nebenan befindet sich das Bergrestaurant „Türmerhaus“, welches zusammen mit dem Aussichtsturm eine Station des Porphyrlehrpfades ist. Dieser liefert seinen Besuchern auf einer Länge von rund 2,7 Kilometern jede Menge Informationen über die vulkanische Entstehungsgeschichte des Rochlitzer Berges und seine imposanten Steinbrüche, den markant roten Porphyrtuff, die Abbaumethoden des Gesteins sowie über Leben und Arbeit der Steinmetze. Dazu listet er bedeutende Gebäude auf, die daraus gebaut wurden.

Information: Tourist-Information des Heimat- und Verkehrsvereins „Rochlitzer Muldental" e.V., Markt 1, 09306 Rochlitz; Tel.: 03737/783222; www.rochlitzer-muldental.de.

Öffnungszeiten: täglich ab 11 Uhr.
Eintritt: 1 €.
Anfahrt: Rochlitzer Berg, 09306 Rochlitz. A72 Abfahrt Narsdorf/Rochlitz, dann B175 bis Rochlitzer Berg, der Beschilderung folgen.

22 Ratsherren aus Porphyr und wuchtiger Lettner in Wechselburg

Wer Wechselburg einen Besuch abstattet, den empfangen auf der Bundesstraße 175 direkt am Ortseingang an der Muldenbrücke zwei überlebensgroße Ratsherren aus Porphyr. Die prächtigen Figuren mit Burgen in der Hand symbolisieren den Burgen- und Gebietstausch zwischen Sachsens Herzog Moritz und dem Grafen von Schönburg im Jahr 1543. Diesem Tausch hat Wechselburg auch seinen heutigen Namen zu verdanken, vorher hieß der Ort „Zschillen“.

Das bedeutendste Bauwerk in Wechselburg ist die dreischiffige romanische Pfeilerbasilika aus dem 12. Jahrhundert. Wie viele Baudenkmäler dieser Region ist die Basilika aus Porphyrtuff vom Rochlitzer Berg erbaut. Im Inneren offenbart sich die einzigartige Besonderheit dieser Kirche: der wuchtige und reich mit Bildern verzierte Lettner. Er trennt Krypta und Chorraum der Mönche vom Kirchenschiff. Etwa um 1230 eingebaut, stand er nicht durchgängig an dieser Stelle. 1665 wurde der Lettner abgetragen. Ein Teil fand als Altarschauwand in der Hauptapsis, ein anderer als Kanzel im Kirchenschiff Verwendung. Von 1952 bis 1972 gab es Restaurierungsarbeiten in der Basilika, der Lettner wurde rekonstruiert. Heute steht diese Chorschranke auf der UNESCO-Denkmalliste. Die Lettnerkanzel über dem Altar ist mit drei Bildern geschmückt. Über dem Lettner erhebt sich die Triumphkreuzgruppe.

Miss Peggys Tipp

Wechselburg thront hoch über der Mulde, die als der schnellste Fluss Europas gilt. Genaugenommen sind es drei Mulden mit einer Gesamtlänge von 314 Kilometern. Die Freiberger Mulde und die Zwickauer Mulde schließen sich bei Sermuth, nördlich von Colditz, zur Vereinigten Mulde zusammen. Alle drei haben etwa die gleiche Lauflänge, jeweils über 100 Kilometer. Bevor die Mulde bei Dessau in die Elbe mündet, überwindet sie ein Gesamtgefälle von 600 bis 800 Metern. Deswegen ist die Fließgeschwindigkeit streckenweise außergewöhnlich hoch. Ein Spaziergang am Fluss lohnt sich!

Information: Benediktinerkloster, Markt 10, 09306 Wechselburg; Tel.: 037384/80811; www.kloster-wechselburg.de.

Öffnungszeiten: täglich 8–19 Uhr, auf Gottesdienstzeiten ist Rücksicht zu nehmen.

Anfahrt: A72 Abfahrt Narsdorf/Rochlitz, dann auf der B175 der Beschilderung Richtung Wechselburg folgen.

23 Fürstlich spazieren in Bad Muskau

Weitläufige Wiesen, majestätische Bäume, geschwungene Wege, Seen und Flüsse, Brücken: Der Fürst-Pückler-Park in Bad Muskau ist eine Landschaft, die einem Gemälde gleicht: Jeder Baum, jeder Strauch, ja, fast jeder Grashalm scheinen von Meisterhand arrangiert zu sein. Für Gartenfans und Liebhaber mondäner Grünflächen ist der Pückler-Park himmlisch.

1815 begann Hermann Fürst von Pückler-Muskau mit seinem ehrgeizigsten Projekt, dem nach ihm benannten Park in Bad Muskau. Heute zu einem Drittel auf deutschem, zu zwei Dritteln auf polnischem Boden gelegen, ist dieses Weltkulturerbe nicht nur durch eine Brücke, sondern auch durch die gemeinsame Entstehungsgeschichte verbunden. Bis zu seinem Verkauf 1845 – der Fürst war in finanzielle Schwierigkeiten geraten – ließ Pückler hier eine faszinierend schöne Landschaft entstehen. Von der Neiße durchquert, ist der Fürst-Pückler-Park bis heute einer der größten Landschaftsparks im englischen Stil und eine der bekanntesten Sehenswürdigkeiten der Lausitz. Das fast 1.000 Hektar große Gartenreich lässt sich zu Fuß, per Kutsche, Fahrrad oder Boot erkunden. Neben Blutbuchen, Platanen und alten Linden können Sie bei einem Spaziergang auch die Schlossanlage mit Museum, Bibliothek, Konzertsaal und Weinkeller, eine Bergkirche, das Hermannsbad und die Orangerie mit dem Tropenhaus entdecken. Das beeindruckende Lebenswerk des Park-Schöpfers, Hermann Fürst von Pückler-Muskau, zeigt eine Ausstellung im Neuen Schloss. Gartenkünstler, Schriftsteller, Lebemann und Abenteurer war er. Bis heute ranken sich wilde Geschichten um den auch durch das nach ihm benannte Eis bekannt gewordenen Fürsten. Zeit, sie zu ergründen!

Information: Tourismuszentrum Muskauer Park, Neues Schloss, 02953 Bad Muskau; Tel. 035771/63100; www.muskauer-park.de.
Öffnungszeiten: in der Saison (Ende März–Okt.) täglich 10–18 Uhr.

Eintritt: Park: Eintritt frei, Neues Schloss: Pückler-Ausstellung 6 €, ermäßigt 3 €, Familienkarte 13 €.
Anfahrt: A4 Richtung Görlitz, Abfahrt Bautzen-Ost, Richtung Bad Muskau/ Weißwasser.

24 Mit dem Rad ins Dubringer Moor

Moore sind urwüchsiger Natur, manchmal karg, meist wildromantisch. Die Anziehungskraft auf den Menschen liegt aber wohl in der geheimnisvollen Aura, die solch eine Landschaft umgibt. Wer das ergründen möchte, findet in der Nähe von Hoyerswerda das rund 1.700 Hektar große Naturschutzgebiet Dubringer Moor. Es umfasst den größten noch erhaltenen Moorkomplex der Oberlausitz.

In erster Linie gelten die ausgedehnten Moorbereiche, das Teichgebiet Neudorf-Klösterlich und die Aue der Schwarzen Elster als besondere Lebensräume für etwa 3.500 Tier- und Pflanzenarten, darunter seltene Spezies wie die Große Rohrdommel oder die Kreuzotter, der Sonnentau und die Glockenheide. Doch das einzigartige Naturschutzgebiet in Ostsachsen ist auch bei Touristen beliebt: Bestens lässt sich die Gegend mit dem Fahrrad auf der Dubringer-Moor-Tour erkunden. Da sich die Wege fast eben dahinschlängeln, ist der 33 Kilometer lange Rundkurs auch für Hobbyradler geeignet. Unterwegs gibt es verschiedene Einkehrmöglichkeiten. Gut ausgerüstet und mit Fernglas im Gepäck, um Tiere besser beobachten zu können, wird der Radausflug zum eindrücklichen Erlebnis.
Beginnend in der Altstadt von Hoyerswerda, führt die Tour über Groß Neida, Dörgenhausen, Neudorf-Klösterlich, Wittichenau, Dubring, Scheckthal, Zeißholz, Neukollm, Schwarzkollm und Bröthen wieder zurück nach Hoyerswerda. Machen Sie an der Strecke Halt am Aussichtspunkt zwischen Neudorf und Michalken. Dort bietet sich eine herrliche Aussicht auf die Niedermoorfläche. Kurz vor Dubring führt ein Abstecher zu einer Waldstelle, wo im 12. Jahrhundert das Schloss eines Raubritters gestanden haben soll. Infotafeln erzählen die Sagen, die um das versunkene Schloss ranken.

Information: Tourist-Information Hoyerswerda, Schlossergasse 1, 02977 Hoyerswerda; Tel.: 03571/904100; www.lausitzerseenland.de.

Anfahrt: aus Richtung Berlin: A13 / A15, Abfahrt Cottbus-Süd, aus Richtung Dresden: A4, Abfahrt Hermsdorf.

Parken: Direkt am Bahnhof Hoyerswerda Altstadt.

25 Die drei Quellen der Spree

Soviel ist sicher: Die Spree entspringt in der Oberlausitz und endet in Berlin. Allerdings gibt es drei Orte, die Anspruch auf die einzig wahre Spreequelle erheben.

Die höchstgelegene ist die Eibauer Spreequelle. Sie entspringt am Westhang des Kottmars in 478 Metern Höhe. Die wasserreichste ist die Neugersdorfer Spreequelle. 1888 bekam sie eine schmiedeeiserne Umrahmung. Beim Bau des Neugersdorfer Spreequellbades 1926 allerdings musste sie etwas zur Seite rücken. Die Ebersbacher Quelle ist die historisch zuerst erwähnte. 1736 wurde der Brunnen überbaut: Für das Häuschen samt Zwiebeldach gab sogar der Alte Fritz, damals noch preußischer Prinz, 50 Taler dazu.

Eigentlich hat damit jede der drei Quellen ihre Berechtigung. Doch um den Streit zu beenden, verfügte 1887 Generalfeldmarschall Helmuth Karl Bernhard von Moltke, dass die Ebersbacher Quelle die einzig wahre und amtlich bestätigte Spreequelle sei.

Miss Peggys Tipp

Im Jahr 2005 wurde in Eibau das Oberlausitzer Osterhasenpostamt, das erste Osterhasenpostamt weltweit, eröffnet. Mehr als 2.000 Briefe mit Osterwünschen, Gedichten, selbstgemalten Bildern und Geschichten aus der ganzen Welt trudeln inzwischen jährlich hier ein. Klar, dass Olli Osterhase Hilfe braucht: Drum ist er umgezogen. Unter neuer Adresse beantworten er und seine Helfer viele rechtzeitig abgesendeten Osterwünsche (Oberlausitzer Osterhasenpostamt, Viebigstraße 1, 02782 Seifhennersdorf).

Information: Touristinformation Eibau OT Eibau, Hauptstraße. 214a, 02739 Kottmar; Tel.: 03586/702051; www.gemeinde-kottmar.de. Touristinformation Ebersbach-Neugersdorf, Weberstraße 22, 02730 Ebersbach-Neugersdorf; Tel.: 03586/763175; www.ebersbach-neugersdorf.de. www.lausitzer-portal.de.

Anfahrt: Von Bautzen aus auf der B96.

Natur entdecken: Oberlausitzer Teichlandschaften

26

Eingebettet in Schilf und Rohrkolben liegt ein Teich neben dem anderen, Libellen tanzen im Sonnenlicht, Frösche quaken: Eine Landschaft, wie sie idyllischer kaum sein könnte: die Oberlausitzer Heide- und Teichlandschaft.

Das Gebiet zwischen Bautzen, Görlitz und Hoyerswerda ist eine Entdeckungsreise wert. Mehr als 1.000 künstlich angelegte Gewässer mit rund 5.200 Hektar Wasserfläche prägen die Region. Seltenen Pflanzen, aber auch Seeadlern, Eisvögeln, Fischottern und Moorfröschen bietet die Landschaft Lebensraum. Der größte Teil des Gebietes wurde 1996 zum UNESCO-Biosphärenreservat erklärt.

Die Bewirtschaftung einiger Teiche geht bis ins 13. Jahrhundert zurück. Sie werden noch heute im Herbst abgelassen, um den beliebten Spiegelkarpfen zu ernten. An den meist sandigen Wegen und Naturerlebnispfaden, über die Sie die Gegend zu Fuß oder per Rad erkunden können, stehen zahlreiche Informationstafeln. Die bekannteste Tour ist der Seeadlerrundweg. Er verbindet auf 80 Kilometern Strecke fast alle zwölf Gemeinden des Biosphärenreservates sowie die Fernradwege Frosch- und Spreeradweg. Nicht weit entfernt von der Oberlausitzer Teich- und Heidelandschaft liegt das Lausitzer Seenland. Wo einst der Braunkohletagebau das Land prägte, entsteht eine Wasserwelt mit 23 Seen. Baden, surfen, paddeln, tauchen, angeln, Wasserski oder Motorboot fahren, all das ist möglich. Zehn Seen sollen künftig sogar über schiffbare Kanäle miteinander verbunden sein.

Information: Tourist-Information Hoyerswerda, Schlossergasse 1, 02977 Hoyerswerda; Tel.: 03571/904100; Tourist-Information Bautzen-Budyšin, Hauptmarkt 1, 02625 Bautzen; Tel.: 03591/42016; www.oberlausitz-heide.de, www.lausitzerseenland.de.

Anfahrt: Die Oberlausitz ist mit dem Auto über die A4, A13, A17 und die Bundesstraßen 6, 9, 96, 97, 156, R35/178 erreichbar. Zum Lausitzer Seenland gelangt man über die A4/A13 oder A15.

27 In Baumwipfeln schlafen

Reif für die Insel? Ein Ort voller Mythen und Sagen, wo Häuser auf Bäumen wachsen, befindet sich nördlich von Görlitz, in der Nähe von Zentendorf. Es ist die Kulturinsel Einsiedel mit dem schmucken Beinamen „Grüngeringelter Abenteuerfreizeitpark".

Auf dem ehemaligen Waldbauernhof an der deutsch-polnischen Grenze hat der Künstler Jürgen Bergmann eine außergewöhnliche Oase künstlerischer Holzgestaltung geschaffen. Teil des Freizeitparks ist das erste deutsche Baumhaushotel.
Verschlungene Wege, unterirdische Geheimlabyrinthe, ein sagenhaftes Zauberschloss und die Entdeckung des seit 1.000 Jahren verschollenen Volkes von Turisede zeigen, dass Märchen kein Kinderkram sind. In der riesigen Landschaft der Kulturinsel Einsiedel befinden sich: ein Ziegendorf, ein Skulpturengarten, eine Feuerschenke, ein Baumhauscafé, eine Kulturscheune, ein Wikingerschiff, eine Spielburg, ein Fontänental, 500 Meter unterirdische Geheimgänge, eine Kaninchenburg, das unterirdisch gestrandete U-Boot Nautilus, ein Wildwasserbach, Kletterrampen und Kletterwald, ein großes Tal mit Feuerstellen, eine Märchenbühne und Raubritterburg, ein Spukhaus und vieles mehr. Dieser Abenteuerspielplatz verbindet Natur, Kunst und Kultur. Wer möchte, kann übernachten. Bis zu zehn Meter über dem Boden sind die Holzhütten in den Ästen der Bäume zu finden. Sie tragen fantasievolle Namen: Fionas Luftschloss, Judkas Trollfamilienhaus oder Bodelmutzens Geisterhaus. Jeder Waldgeist frönt einer besonderen Sammelleidenschaft. Im Falle der Trolle sind es Schlüssel, Fiona steht auf Knöpfe und Bodelmutz auf Wecker. Wer also in ihren Häuschen campieren möchte, sollte dringend ein Gastgeschenk mitbringen. Dafür bedanken sich die Geister mit einer Überraschung. Die ist allerdings in einem Geheimfach versteckt und will erst entdeckt werden.

Information: Grüngeringelter Abenteuerfreizeitpark, Kulturinsel Einsiedel 1, 02829 Neißeaue; Tel.: 035891/49115; www.kulturinsel.com.
Öffnungszeiten: Park: 11. März bis 30. Okt. täglich 10–18 Uhr.
Eintritt: Park: 13 €, Kinder (4 bis 14 Jahre) ab 9 €. Baumhäuser ganzjährig: ab 190 € pro Nacht. Weitere Übernachtungsmöglichkeiten ab 35 € p.P.
Anfahrt: A4 (Dresden-Bautzen-Görlitz), Abfahrt Kodersdorf, Richtung Görlitz, an der Kreuzung in der Senke links abbiegen in Richtung Rothenburg, etwa 2 Kilometer hinter der Ortschaft Zentendorf im Wald an der Neiße liegt die Kulturinsel.

28 Auf Zeitreise im Saurierpark

Die Schreie der Saurier hallen durch den Park. Beim Anblick der Giganten muss der Nachwuchs erkennen, dass Papa doch nicht der Größte ist. Im Saurierpark vor den Toren Bautzens lässt sich ein Urzeit-Abenteuer hautnah erleben. Kaum ist die Eingangspforte passiert, fühlt sich der Besucher um Jahrmillionen zurückversetzt.

Jedes Sommerhalbjahr lädt der Saurierpark zu einer spannenden Zeitreise in eine Welt ein, deren mächtige Bewohner vor etwa 65 Millionen Jahren ausstarben. Mehr als 200 lebensgroße und täuschend echt wirkende Urzeitriesen bevölkern den Freizeitpark und nehmen die Besucher auf eine spannende Abenteuerreise in die Vergangenheit mit. Neben dem berühmten Tyrannosaurus Rex oder dem Brachiosaurus sind auch weniger bekannte Dinosaurierarten, wie der stachelbesetzte Polacanthus, auf dem Parkgelände zu Hause. Einige dieser Skulpturen (Beton mit Eisengeflechtkern) erreichen Höhen von bis zu 15 Metern und Längen von fast 30 Metern. Sie wurden von dem einheimischen Bildhauer Franz Gruß (1931–2006), dem Begründer des Saurierparks, und seinen Mitarbeitern und Nachfolgern geschaffen.

Die Besucher können die Urzeitechsen beobachten, wie sie im Wald, am Wasser, am Felsen oder im Sumpf brüten, jagen, kämpfen oder schlafen. Schautafeln erklären die Lebensweise der Giganten. Als Hobbyforscher können Sie sogar an einer Ausgrabungsstätte nach Saurierkrallen suchen. Nervenkitzel pur verspricht die Vergessene Welt. Besonders zur Sommerzeit macht ein sechs Meter hoher Geysir jede Menge nasses Vergnügen. Auch das Fontänenfeld mit eingebauten Bewegungsmeldern und Wasserwerfern sorgt an heißen Tagen für Abkühlung.

Information: Saurierpark, Am Saurierpark 1, 02625 Bautzen OT Kleinwelka; Tel.: 035935/3036; www.saurierpark.de.

Öffnungszeiten: 25. März–31. Okt. täglich 9–18 Uhr, Juli, Aug. bis 19 Uhr.
Eintritt: 12 €, Kinder (3 bis 14 Jahre) 7 €, Familienkarte 32 €.
Anfahrt: A4, Ausfahrt Salzenforst/ Kleinwelka oder B96 Richtung Bautzen.

29 Unterwegs auf dem Sächsischen Jakobsweg

Früher pilgerten die Menschen aus religiösen Gründen. Heutzutage tun sie es oftmals, um den Alltagsstress eine Zeit lang hinter sich zu lassen. Seit Hape Kerkelings Bestseller „Ich bin dann mal weg“ ist Pilgern sowieso in Mode.

Wer sich von Sachsen aus auf den Weg nach Santiago de Compostela begeben will, startet seine Tour am besten in Bautzen. Denn dort beginnt der Sächsische Jakobsweg und führt Sie auf rund 3.200 Kilometern bis nach Spanien und zu sich selbst.

Im Juni 2013 eröffnet, ist er durchgängig mit der europäischen Jakobsmuschel am Wegesrand gekennzeichnet und von Stempelstellen und Pilgerquartieren gesäumt. Vom Verlauf her orientiert sich der Sächsische Jakobsweg an der mittelalterlichen Frankenstraße, die einst von der Oberlausitz nach Süddeutschland führte. Jetzt zweigt der Weg in Bautzen vom Ökumenischen Pilgerweg „Via Regia“ ab und leitet die Pilger nach Dresden, Freiberg, Chemnitz und Zwickau. Ein zweiter Zugangsweg führt von Königsbrück über Moritzburg und mündet in Grumbach in den Hauptweg.

In Zwickau trifft der Sächsische Jakobsweg auf die „Via Imperii“, die von dort über Plauen nach Hof führt. Weiter östlich, über Oelsnitz, läuft man weiter auf dem Jakobsweg. In Hof knüpft er an ein Netz von Pilgerwegen an, die alle nach Santiago de Compostela zum Grab von Jakobus dem Älteren führen.

Information: Der Sächsische Jakobsweg beginnt in der Innenstadt von Bautzen. Stempelstellen gibt es beispielsweise in der Dresdner Hofkirche, im Freiberger Dom, in der Jakobikirche in Chemnitz. www.saechsischer-jakobsweg.de.

30 In Bautzen den schiefsten Turm Sachsens erklimmen

Der Schiefe Turm von Pisa ist weltberühmt. Doch Bautzen kann gut mithalten: mit dem schiefsten Turm in Sachsen, dem Reichenturm im Zentrum der Stadt. Stolze 56 Meter ist er hoch, hat eine Neigung von 1,41 Metern aus dem Lot und bietet einen wunderschönen Ausblick auf die historische Altstadt Bautzens.

Bei schönem Wetter lässt sich in 20 Kilometern Entfernung sogar der Butterberg von Bischofswerda erkennen. 135 Stufen führen nach oben. Nach 118 Stufen betritt der Besucher das Turmzimmer. Türmerin Renate Peter kassiert dort den Eintritt, ein nettes Gespräch über Land und Leute gibt es gratis dazu.

Der Schiefstand des 1492 erbauten Turmes ist die Folge des recht schwachen Fundaments von nur 80 Zentimetern, schlechten Baumaterials, starker Brände und nicht zuletzt des massiven oberen Aufbaus. Immer wieder wurde am Turm nachgearbeitet. Einer der letzten großen Umbauten war 1718 unter der Regentschaft von August dem Starken. Dabei bekam der Turm die prächtige barocke Haube aus Stein als krönenden Abschluss aufgesetzt. Im Inneren entstand eine kleine Türmerwohnung. Schon 1747 stellten die Bautzener die erste Neigungserscheinung fest: Der Turm kippte fortan sichtlich nach Nordwest. Fast 200 Jahre später, 1954, bekam der 3.200-Tonnen-Riese eine Fundamentbefestigung verpasst. Seitdem steht er fest und neigt sich nicht weiter.

Information: Der Reichenturm steht direkt auf dem Kornmarkt. www.bautzen.de.

Öffnungszeiten: Apr. bis Okt. täglich 10–17 Uhr.

Die geplante Turmsanierung 2016 kann zu Einschränkungen der Öffnungszeiten führen!

Eintritt: 2,50 € , erm. 2 €, Kinder 1 €.

31 Europas ältestes Pfefferkuchenmuseum

Zu den vielen Leckereien, die in der Weihnachtszeit auf den Tisch kommen, gehört der Pfefferkuchen. Ob gefüllt oder ungefüllt, mit oder ohne Schokoladenüberzug: Die würzige Spezialität gibt es in den verschiedensten Formen, Verzierungen und Geschmacksrichtungen.

Schon allein ihr aromatischer Duft verspricht eine außergewöhnliche Genussreise, auf die man sich gern begibt. Und das nicht nur zur Weihnachtszeit. Einen umfassenden Einblick in die Herstellung dieses Gebäcks vermittelt ganzjährig die Alte Pfefferküchlerei in Weißenberg. Die 1645, nach der Zerstörung der Stadt Weißenberg während des Dreißigjährigen Krieges, erbaute Küchlerei wurde als Familienbesitz bis 1937 betrieben. Heute befindet sich in dem Haus das einzige als Museum genutzte technische Denkmal des Pfefferküchlerhandwerks in Europa. Hier entdecken Sie die Geschichte der Festtagsbäckerei vom 17. bis zum 20. Jahrhundert.

Reisende und Kaufleute hatten die Kunst des Honigkuchenbackens nach Europa gebracht, in Städte wie Nürnberg, Brüssel, Pulsnitz und Weißenberg. Nach dem Bekanntwerden der Gewürze aus fernen Ländern, die alle unter dem Sammelbegriff Pfeffer gehandelt wurden, setzte man diese dem Honig- oder Lebkuchen zu. So entstand der Name Pfefferkuchen. Zur Tradition einer Pfefferküchlerei gehörte auch die eigene Formherstellung. Die Zunftordnung von 1534 legte fest, dass zum Gesellenstück auch das Stechen eines eigenen Models gehörte. Solche künstlerischen Kostbarkeiten aus früheren Zeiten blieben erhalten. Ebenso sehenswert sind die liebevoll gestalteten Lebkuchen-Kunstwerke, nicht nur die bekannten Hexenhäuser. In den Backstuben können außerdem Teigfässer, Hohlmaße, Backmulden und vieles andere mehr bestaunt werden. Neben einem alten Backofen und einem Kessel zur Honigbereitung werden auch die original erhaltenen und eingerichteten Handwerks- und Wohnräume der Pfefferküchler gezeigt.

Information: Museum Alte Pfefferküchlerei, August-Bebel-Platz 3, 02627 Weißenberg; Tel.: 035876/40429; www.stadt-weissenberg.de.
Öffnungszeiten: Di–Fr 8–12 Uhr, 13–16 Uhr, Sa, So 13–17 Uhr, jeder erste Sa und So im Monat (außer im Dezember) sowie am 1.1., 24., 25., 26. und 31.12. geschlossen.
Eintritt: 3 €, Kinder (6 bis 16 Jahre) 2 €.
Anfahrt: A4, Abfahrt Weißenberg.

32 Görlitzer Wahrzeichen

Görlitz, die östlichste Stadt Sachsens, erstrahlt mit einzigartigem Charme. Das Juwel an der Neiße gilt mit seinen 4.000 liebevoll und sorgfältig restaurierten Baudenkmalen als größtes Flächendenkmal der Bundesrepublik. In der historischen Altstadt zeigen eindrucksvolle Bauten aus Renaissance, Barock und Gotik, welch reiche Handelsstadt Görlitz einst war.

Die erste Bismarcksäule Schlesiens (heute sächsisches Gebiet) steht ebenfalls in Görlitz.

Im Jahre 1901 wurde sie auf dem Südgipfel der Landeskrone feierlich eingeweiht. Diese Feuersäule war nicht für den Blick übers Land konstruiert, sondern von einer Feuerschale mit 2,28 Metern Durchmesser gekrönt. In der Turmumfassung sind fünf schmale Fenster angebracht, die für Licht und Belüftung sorgen.

Miss Peggys Tipp

Hollywood hat den Freistaat entdeckt. In den vergangenen Jahren war Sachsen Schauplatz einiger sehr aufwendiger und erfolgreicher Hollywood-Filme. In „Flightplan" mit Jodie Foster (2005) entstanden wichtige Szenen auf dem Leipziger Flughafen. Vor allem aber zieht es die Filmproduzenten immer wieder nach Görlitz. Die beiden Oscar-Abräumer „Der Vorleser" mit Kate Winslet (2008) und „Grand Budapest Hotel" von Wes Anderson (2014) wurden hier zum großen Teil gedreht.

Als Symbol für ein zusammenwachsendes Europa gilt die Altstadtbrücke. Über Jahrhunderte verband sie die Görlitzer Innenstadt mit ihrer Ostvorstadt, dem heutigen Zgorzelec. 1945 wurde die Brücke gesprengt, die Stadt in Görlitz und Zgorzelec geteilt. Die Neiße markiert seitdem die deutsch-polnische Grenze. Die heutige moderne Altstadtbrücke entstand erst 2003/04. Seit der Wiedererrichtung hat sich vieles gewandelt in den beiden Städten. Längst schon ist die neue Altstadtbrücke zu einem Wahrzeichen geworden, das einen grenzenlosen Spaziergang ermöglicht.

Information: Görlitz-Information, Obermarkt 32, 02826 Görlitz; Tel.: 03581/47570; www.goerlitz.de.

Anfahrt: A4, Abfahrt Görlitz; von Norden: B115; von Süden: B99.

33 Rasten bei den Nonnen

Das 1234 gegründete Kloster St. Marienthal in Ostritz an der Neiße ist die älteste bis heute permanent von Nonnen bewohnte Zisterzienserinnenabtei in Deutschland. Da die jetzige Anlage im 18. Jahrhundert nach einem Großbrand neu errichtet wurde, gehört sie zu den schönsten barocken Sehenswürdigkeiten in Sachsen.

Direkt an der polnischen Grenze gelegen, leuchtet Kloster St. Marienthal lieblich inmitten der Neiße-Aue. Besucher sind überwältigt von der barocken Pracht, denn der weitläufige Klosterkomplex beherbergt neben der Abtei auch eine Klosterkirche, die Propstei und eine Kapelle. Bis heute leben und arbeiten dort die Nonnen des Zisterzienserordens. Besucher sind jederzeit herzlich willkommen. Sei es um Spiritualität und Glauben zu erleben oder einfach Ruhe zu genießen und sich zurückzuziehen: Es gibt viele Gründe, sich das Klosterleben einmal genauer anzusehen.

Öffentliche Führungen finden vom Frühjahr bis zum Herbst statt. Bei Besuchen auf eigene Faust kann man Gottesdiensten, Andachten, Prozessionen und Chorgebeten in der Klosterkirche beiwohnen. Regelmäßig finden auch Konzerte, Aufführungen, Ausstellungen und Vorträge statt. Verabreden Sie sich doch einmal mit sich selbst zu einem spirituellen Wochenend-Seminar, einem Kreativitätsseminar, Besinnungstagen und Fastenwochen. Geschlafen wird direkt im Kloster.

Zu sehen gibt es auch die Wirtschaftsgebäude, eine Bäckerei, eine ehemalige Mühle, ein Schausägewerk und eine Brauerei. Die Nonnen besitzen außerdem den östlichsten Weinberg Deutschlands, den man mühelos erklimmen und dabei wunderbar über die Oberlausitz blicken kann. Der Weinberg ist nur 4.000 Quadratmeter groß, liefert aber sehr feinen Weißwein. Allerdings nicht so viel, dass Sie ihn im Laden kaufen könnten. Zu Ostern und im Herbst öffnen die Winzer den Weinkeller, dann trinkt man den leckeren Tropfen vor Ort.

Information: Zisterzienserinnenabtei Klosterstift St. Marienthal, St. Marienthal 1, 02899 Ostritz; Tel.: 035823/7730; www.kloster-marienthal.de. Anfahrt: über die B99.

34 Per Rad auf Krabats Spur

Eine Region, ein Mythos! Wenn die Sagengestalt Krabat irgendwo zu Hause ist, dann in der Oberlausitz. Der Legende nach verbrachte Krabat den größten Teil seines Lebens in den Dörfern rund um Hoyerswerda.

In der Mühle bei Schwarzkollm erlernte der Bursche das Zauberhandwerk, auf dem Marktplatz in Wittichenau trieb er mit reichen Viehhändlern seine Späße und den sächsischen Kurfürsten August den Starken rettete er gar vor den Türken.
Später, als Vorwerksbesitzer in Groß Särchen, machte er mit Hilfe seiner magischen Kräfte karge Böden fruchtbar, bewässerte verdorrende Saaten und legte Sümpfe trocken. Als sich nach seinem Tod ein weißer Schwan gen Himmel erhob, sagten die sorbischen Bauern: „Das ist das Geleit des großen Krabat. Er wird uns nicht verlassen und dafür sorgen, dass wir ein freies und glückliches Volk werden." Mehrere Schriftsteller, etwa Martin Nowak-Neumann, Jurij Brezan und der bekannte Kinderbuchautor Otfried Preußler, nahmen die Krabatsage auf. Doch nicht nur Bücher machten die Gestalt bekannt, es wurden auch verschiedene Filme gedreht. So erlebten im Oktober 2008 Hoyerswerda und Schwarzkollm die große Premiere des Kinofilms „Krabat". Die Schauspieler Daniel Brühl, Paula Kalenberg, David Kross und Regisseur Marco Kreuzpaintner waren in der Region zu Gast. Heute lassen sich auf dem Krabat-Radwanderweg die Lebensstationen der Sagengestalt abfahren. Die 90 Kilometer lange Strecke wird dabei nicht nur der sportlichen Betätigung gerecht, sondern verspricht auch jede Menge kulturelle Erlebnisse. Gaststätten und Pensionen laden zum Verweilen ein. Orte, die mit Krabat in Zusammenhang gebracht werden, steuert der Radwanderweg an: Die Krabat-Mühle in Schwarzkollm, das Krabat-Vorwerk in Groß Särchen, die Krabat-Milchwelt in Kotten, das Zisterzienserinnenkloster St. Marienstern in Panschwitz-Kuckau, die Wallfahrtskirche in Rosenthal und die Bockwindmühle in Dörgenhausen.

Information: Krabat e.V.,
Hauptstraße 9,
01920 Nebelschütz;
Tel.: 03578/784696;

www.krabatregion.de oder
www.radwandern-oberlausitz.de oder
www.krabat-muehle.de.

35 Auf den Bienenkorb klettern: Oybin

Oybin, mitten im Naturpark des kleinsten Mittelgebirges Deutschlands, wird gern als Perle des Zittauer Gebirges bezeichnet. Mit seinen schönen Umgebindehäusern und seinen bizarren Sandsteinformationen lockt es Familien, Wanderer, Aktivsportler und Naturfreunde an.

Dominant im Kurort steht der Berg Oybin, auf dessen Gipfelplateau eine wehrhafte Klosteranlage thront. Schon allein der Felsen ist ein echter Hingucker. Wie ein riesiger Bienenkorb ragt der aus einem Sandsteinmonolith bestehende Berg aus dem Tal empor. Wohl deshalb hatte sich Kaiser Karl IV. im Jahr 1364 den Berg auch als Alterssitz auserkoren. Für ihn wurde das Kaiserhaus erbaut. Wenig später folgte die gotische Kirche, heute ebenfalls als Ruine zu besichtigen. Sie diente bis zur Reformation den Mönchen des Cölestiner-Ordens als Gebetshaus. Als die Anlage ab dem 16. Jahrhundert nicht mehr benutzt wurde, zerfielen Burg und Kloster. Inzwischen ist der Verfall gestoppt und ein Museum eingezogen. Besucher können dort in die Geschichte eintauchen, romantische Abende bei Musik und Wein im Gewölbe genießen, Gäste der Burgherrschaft sein oder den Historischen Mönchszug erleben. Einmalig ist auch die als Hochzeitskirchlein bekannte Bergkirche am Fuß des Oybin. Hier finden regelmäßig Konzerte bei Kerzenschein statt. Wer die Umgebung erkunden will, kann ein gut ausgeschildertes Wanderwegnetz nutzen. Ein Erlebnis ist auch eine Fahrt mit der seit 1891 existierenden dampfbetriebenen Schmalspurbahn.

Information: Tourist-Information Oybin, Hauptstraße 15, 02797 Kurort Oybin; Tel.: 035844/73311; www.oybin.com oder www.burgundkloster-oybin.com.
Öffnungszeiten: Tourist-Information: Mo–Fr 10–17 Uhr, Sa, So, Feiertag 10–16 Uhr; Burg: Apr.–Okt. 9–18 Uhr, Nov.–März 10–16 Uhr.

Eintritt: Burg: 6 €, erm. 5 €, Kinder 2,50 €, Familienkarte 15 €.
Anfahrt: A4 Richtung Görlitz, Abfahrt Weißenberg, Richtung Löbau, B178 Richtung Zittau. In Zittau auf dem Stadtring Richtung „Zittauer Gebirge", im Kreisverkehr Olbersdorf Richtung Oybin/Lückendorf.

Zittau zeigt wertvolle Textilkunst

36

In Zittau lagert ein ganz besonderes Stöffchen: Das Große Zittauer Fastentuch zählt neben dem weltbekannten Bilderteppich von Bayeux zu den bedeutendsten Textilwerken der Christenheit. Ausgestellt wird es in einem eigens dafür angefertigten Schaukausten: der größten Museumsvitrine der Welt.

Im Mittelalter waren solche bemalten oder gestickten Fastentücher häufig. Aufgehängt wurden sie am Chorbogen der Kirchen, sodass während der Fastenzeit den Gottesdienstbesuchern der Blick auf den Altar verwehrt blieb. Damit wollte man die Gläubigen zu Abstinenz erziehen. Das Zittauer Museum „Kirche zum Heiligen Kreuz“ stellt solch ein Relikt aus – in der größten Museumsvitrine der Welt. Das Fastentuch ist mit 8,20 Metern Höhe und 6,80 Metern Breite das drittgrößte überlieferte Fastentuch überhaupt. Von der Erschaffung der Welt bis zum Jüngsten Gericht bildet das Leinentuch 90 Szenen aus dem Alten und Neuen Testament ab. Diese riesige Bilderbibel schuf 1472 ein unbekannter Meister. 200 Jahre lang verhüllte sie in der vorösterlichen Fastenzeit den Altarraum in der Zittauer Hauptkirche St. Johannis. Dann verschwand das Tuch. Erst 1840 kam es in der Zittauer Ratsbibliothek wieder zum Vorschein, wo es zusammengerollt unter einem Bücherregal gelegen hatte. Nach der Wende wurde das komplett erhaltene Fastentuch von der Abegg-Stiftung in Riggisberg (Schweiz) als „Kunstwerk von Weltgeltung“ restauriert. Seit 1999 wird es nun im Museum „Kirche zum Heiligen Kreuz“ präsentiert.

Information: Museum „Kirche zum Heiligen Kreuz“, Frauenstraße 23, 02763 Zittau, Tel.: 03583/5008920; www.zittau.eu.
Öffnungszeiten: Apr.–Okt. täglich 10–17 Uhr, Nov.–März Di–So 10–17 Uhr.

Eintritt: 5 €, erm. 3 €, Kinder bis 16 Jahre frei.
Anfahrt: aus Richtung Dresden: in Bautzen B6 Richtung Löbau, B178 nach Zittau; in Bautzen B96 Richtung Zittau über Oppach und Ebersbach; aus Richtung Görlitz: B99.

37 Gusseiserner Veteran auf erloschenem Vulkan

Achteckig, 28 Meter hoch, 4 Meter im Durchmesser, 4 Stockwerke im Inneren sowie 3 Galerien, die sich in 12, 18 und 24 Metern Höhe befinden: Das sind die Gardemaße des König-Friedrich-August-Turms auf dem Löbauer Berg, einem erloschenen Vulkan. Das Bauwerk ist der einzige noch erhaltene gusseiserne Aussichtsturm in Europa und wohl auch der älteste gusseiserne Turm überhaupt.

Eine Wendeltreppe mit 120 Stufen führt nach oben, wo sich ein traumhafter Blick über weite Teile der Oberlausitz und bis zum Zittauer Gebirge offenbart. Erbauer war Bäckermeister Friedrich August Bretschneider, der das Projekt mit 25.000 Talern finanzierte. Die Idee zum Turm auf dem Löbauer Berg entstand um 1850. Es folgten jahrelange Diskussionen über Aussehen und Finanzierung. Man entschied sich schließlich für eine filigrane gusseiserne Konstruktion nach technischem Vorbild des 1847 entstandenen Londoner Kristallpalastes des britischen Architekten Joseph Paxton. Die Eisenteile des Turmes wurden in der Eisenhütte Bernsdorf gegossen. 1854 konnte der Bau begonnen werden. Zunächst suchte man mit einem Steigebaum auf dem Berg nach dem besten Aussichtspunkt. Danach wurden tragende Säulen acht Meter tief im Felsen verankert und aus 80 Kubikmetern Holz ein Gerüst für den Turmaufbau gestellt. König Friedrich August von Sachsen gab die Zustimmung, dass der Turm seinen Namen tragen und das sächsische Wappen angebracht werden dürfe. Aus Anlass des 57. Geburtstages des Königs wurde am 18. Mai 1854 feierlich der eiserne Grundanker eingesetzt. Mehr als 1.000 Einzelteile mit einem Gewicht von 70 Tonnen wurden hauptsächlich zusammengesteckt und dann mit Blei verschlagen. Nach reichlich zweimonatiger Montagezeit durfte die Öffentlichkeit den Turm erklimmen.

Information: Löbauer Berg, 02708 Löbau;
Tourist-Information Löbau, Altmarkt 1, 02708 Löbau;
Tel.: 03585/450140; www.loebau.de.
Öffnungszeiten: ganzjährig zugänglich – solang es hell ist.

Eintritt: 2 €.
Anfahrt: Der Turm und die benachbarte Gaststätte sind bequem mit dem Auto über die Herwigsdorfer Straße in Löbau oder zu Fuß von einem der vielen Parkplätze rund um den Löbauer Berg zu erreichen.

38 Zu Gast auf Aschenbrödels Schloss

„Drei Haselnüsse für Aschenbrödel" verzaubert die Fernsehzuschauer besonders zur Weihnachtszeit. Auch mehr als 40 Jahre nach seiner Kinopremiere hat der deutsch-tschechische Kultstreifen nichts an seiner Faszination eingebüßt. Schön, dass das Märchenschloss aus dem Film in Sachsen steht.

Schloss Moritzburg, 15 Kilometer nordwestlich von Dresden, gehört zu den imposantesten barocken Schlossanlagen Mitteleuropas. Das mächtige Gebäude mit seinen vier fünfgeschossigen Rundtürmen und dem dreigeschossigen Mitteltrakt fügt sich romantisch in die Teich- und Wasserlandschaft ein. Märchenhaft eben!

Im wildreichen Friedewald ließ August der Starke, König von Polen und Kurfürst von Sachsen, auf den Mauern eines alten Renaissancebaus das Jagd- und Lustschloss Moritzburg errichten. 1723 beauftragte er seinen Architekten Matthäus Daniel Pöppelmann damit. Die besten sächsischen Handwerker und Künstler der Zeit wirkten auch bei der Innenausstattung der sieben Säle und mehr als 200 Räume mit.

Noch heute sind kostbare Möbel und Gemälde Beweis für die höfische Wohnkultur des 18. Jahrhunderts. Eine der größten Trophäensammlungen Europas erinnert an die Jagdlust der wettinischen Herrscher. Weitere Höhepunkte sind das Porzellanquartier und das legendenumwobene Moritzburger Federzimmer mit dem Paradebett Augusts des Starken, das aus fast zwei Millionen farbigen Federn besteht.

Im Winterhalbjahr ist Schloss Moritzburg inzwischen zur Pilgerstätte aller Aschenbrödel-Fans geworden. Ausstellungen und Anekdoten zum Filmdreh ließen die Herzen von bisher mehr als einer halben Million Besucher höher schlagen.

Information: Staatliche Schlösser, Burgen und Gärten Sachsen, Schloss Moritzburg und Fasanenschlösschen, 01468 Moritzburg; Tel.: 035207/8730; www.schloss-moritzburg.de.

Öffnungszeiten: 19. März–1.Nov. täglich 10–17.30 Uhr, letzter Einlass 17 Uhr.

Schlossführungen: täglich um 10.30, 12, 14 und 15.30 Uhr.

Aschenbrödelausstellung: 12. Nov. 2016–26. Feb. 2017.

Eintritt: 8 €, erm. 4 €, Familienkarte 8/16 €.

Anfahrt: A4, Abfahrt Dresden-Wilder Mann, A13, Abfahrt Radeburg (Ausschilderungen folgen).

39 Wie entsteht eine Tasse?

Meißen, wer denkt da nicht gleich an das weltberühmte Porzellan mit den blauen Schwertern. Die Manufaktur MEISSEN ist die erste Porzellan-Manufaktur Europas und wurde 1710 durch August den Starken gegründet.

Direkt an der Manufaktur befindet sich die Erlebniswelt HAUS MEISSEN. Die Schauwerkstätten der Manufaktur und das Museum der Meissen Porzellan-Stiftung laden zu einer Entdeckungsreise rund um das Weiße Gold ein. Wie entsteht eine Tasse? Aus wie vielen Einzelteilen besteht eine Figur und wie kommen die blauen Schwerter unter die Glasur? Auf all diese Fragen gibt es bei einem Besuch eine Antwort.

Zum 25. Jahrestag der deutschen Wiedervereinigung wurde das neue Highlight der Manufaktur eingeweiht. Saxonia, die Freiheitsstatue Sachsens, ist die weltweit größte freistehende Figur aus Porzellan. Das Kleid der lebensgroßen Schönheit zieren 8.000 handgeformte Porzellanblüten. Mit ihrem anmutigen Blick begrüßt sie die Besucher. Das Museum der Meissen Porzellan-Stiftung entführt auf eine Reise durch 300 Jahre Porzellangeschichte. Ergänzt wird das Spektrum traditioneller Porzellane durch die Ausstellung MEISSEN artCAMPUS, die zeitgenössische Arbeiten externer Künstler aus aller Welt zeigt.

Miss Peggys Tipp

Haben Sie schon mal Fummel gegessen? Das Gebäck geht auf einen Erlass Augusts des Starken zurück, der sauer auf die sächsischen Kuriere war, weil die dauernd das gute Meißner Porzellan zerdepperten. Ein Bäcker sollte sie mit leicht zerbrechlichem Gebäck überführen. Daraus entstanden die Meißner Fummel, die heute noch in der Bäckerei Zieger nach geheimem Rezept gebacken werden.

Information: Manufaktur MEISSEN, Erlebniswelt HAUS MEISSEN, Talstraße 9, 01662 Meißen; Tel.: 03521/468600; www.meissen.com.
Öffnungszeiten: Mo–So 9–18 Uhr (1.5.–31.10.), 9–17 Uhr (1.11.–30.4.), 10–16 Uhr (31.12. und 1.1.), am 24., 25., 26.12. geschlossen.
Eintritt: 9 €, erm. 5 €, Familienkarte 20 €.
Anfahrt: A4, Abfahrt Wilsdruff oder Abfahrt Siebenlehn, A14, Abfahrt Nossen-Ost, A13, Abfahrt Radeburg.

40 Die „Wiege Sachsens“ bewundern

Majestätisch thront die Albrechtsburg über den Dächern von Meißen. Noch heute künden ihre Mauern von der Macht und dem kulturellen Vermächtnis der ehemaligen Landesherren. Zunächst als befestigtes Militärlager genutzt, trat hier erstmals in Deutschland der Anspruch auf Wehrhaftigkeit hinter dem repräsentativen Charakter zurück. Deutschlands ältestes Schloss zieht alljährlich tausende Besucher in seinen Bann.

Die Gründung der Burg geht auf das Jahr 929 zurück. König Heinrich I. ließ auf einem Felsen über der Elbe eine hölzerne Wehranlage errichten. Meißen wurde zum Zentrum der Grenzmark zu den damals noch slawischen Gebieten im Osten und ging damit als „Wiege Sachsens“ in die Geschichte ein. Ihr derzeitiges Aussehen erhielt die Albrechtsburg durch den Landeswerkmeister Arnold von Westfalen, der das Schloss für den wettinischen Kurfürsten Ernst und dessen Bruder, Herzog Albrecht, 1471 baute. 1710 ließ August der Starke die erste europäische Porzellan-Manufaktur dort einrichten, die bis 1863 in allen Räumen der Albrechtsburg Meissner Porzellan produzierte.

Jetzt ist in der Albrechtsburg ein Museum untergebracht, das neben aktuellen Schauen auch Dauerausstellungen zum Meissner Porzellan und der sächsischen Historie präsentiert. Im Innenhof steht der Meißner Dom, mit dessen Bau im 13. Jahrhundert begonnen wurde und der eines der eindrucksvollsten gotischen Gebäude in Sachsen ist. Ebenfalls auf dem Burgberg befindet sich die St. Afrakirche, das älteste der Meißner Gotteshäuser. Nebenan erhielt in ehemaligen Klosteranlagen die Fürsten- und Landesschule ihr Domizil. Zu den bekanntesten Absolventen gehören die Dichter Gotthold Ephraim Lessing (1729–1781), Christian Fürchtegott Gellert (1715–1769) und der Arzt und Begründer der Homöopathie Samuel Hahnemann (1755–1843). Heute ist das Sächsische Landesgymnasium Sankt Afra zu Meißen eine Schule für die Hochbegabtenförderung im Freistaat.

Information: Albrechtsburg, Domplatz 1, 01662 Meißen, Tel.: 03521/47070; www.albrechtsburg-meissen.de.
Öffnungszeiten: März–Okt. täglich 10–18 Uhr, Nov.–Feb. täglich 10–17 Uhr.

Eintritt: 8 €, Kinder (6 bis 15 Jahre) 4 €, Familienkarte ab 10 €.
Anfahrt: A4, Abfahrt Siebenlehn, B101; A13, Abfahrt Radeburg; A14, Abfahrt Nossen-Ost; aus Dresden kommend über die B6.

41 Wellenreiten zwischen Weinhängen

Wein, Indianer und das Bilz-Bad: Radebeul, Herzstück der Sächsischen Weinstraße, hat so einiges zu bieten. Elegant schmiegt sich die Stadt an die Weinhänge der Lößnitz und dehnt sich bis hin zu den Elbauen aus. Das Stadtbild ist geprägt von üppigem Grün, sehenswerter Architektur, Kunst und Kultur.

Machen Sie Halt im Sächsischen Weinbaumuseum Hoflößnitz sowie der barocken Schloss- und Gartenanlage des Weingutes Schloss Wackerbarth, wo neben edlen Tropfen auch jede Menge Informationen lagern. Für Fans von Indianerfilmen bietet das Karl-May-Museum genau das Richtige. Außerdem sollte man sich auf keinen Fall einen Besuch im weltweit ersten Wellenbad entgehen lassen, einem Freibad, das inzwischen ein technisches Denkmal ist.

Friedrich Eduard Bilz, ein Verfechter natürlicher Heilverfahren und schonender Diätkuren, kaufte 1890 in Oberlößnitz einen Weinberg. Wo vorher Schloss Lößnitz stand, baute er ein Sanatorium. Es war das erste Licht-Luft-Bad Deutschlands. 1911 kaufte Bilz auf der ersten Internationalen Hygieneausstellung in Dresden das Undosa-Wellenbad, das er in seine Naturheilanlage im Lößnitzgrund von Radebeul einbaute.

Das Bilzbad mit der ersten Wellenmaschine der Geschichte ist heute das älteste noch im Originalzustand funktionierende Wellenbad der Welt. Dort in den Wellen zu hopsen, macht genauso viel Spaß wie vor 100 Jahren.

Information: Bilzbad, Meiereiweg 108, 01445 Radebeul; Tel.: 0351/8387247; www.baden-in-radebeul.de.

Öffnungszeiten: Mitte Mai bis Mitte Sep. täglich 9–19 Uhr, Juni–Aug. täglich 9–20 Uhr.

Eintritt: 4 €, Kinder bis 18 Jahre 2 €, bis einen Meter Körperhöhe frei.

Anfahrt: Auto: A4, Abfahrt Radebeul-Coswig bis in den Lößnitzgrund. Schmalspurbahn: Haltestelle Lößnitzgrund.

Die Sinne schärfen im Tharandter Wald

42

Wald fasziniert alle: Der Duft nach Pilzen, Tannennadeln und frischem Holz beeindruckt in gleichem Maße wie die beruhigende Stille. Der Sinnespfad im Tharandter Wald spricht alle sechs Sinne des Besuchers an: Hier kann man den Wald sehen, hören, riechen, schmecken, ertasten und seinen Gleichgewichtssinn testen.

Und das ist nur eine von vielen Attraktionen in dem rund 6.000 Hektar großen Gebiet vor den Toren von Dresden. Mehr als 190 Kilometer gut ausgeschilderte Wanderwege erwarten Besucher dort. Ausgangspunkt für den Sinnespfad ist Grillenburg, ein verträumter Ort im Grünen, mit Jagdschloss, Gondelteich und Badesee. Nach wenigen hundert Metern Fußmarsch in den Wald betritt man abenteuerliche Pfade. Hier können Sie Holzarten erfühlen, mit den Füßen den Waldboden ertasten, auf einem Aussichtspunkt Wild erspähen. Es gibt ein Holzxylophon und Klanghölzer sowie einen Balancierparcours.
Am Ende des Sinnespfades geht es weiter auf einem Abenteuerpfad und einem Holzweg. Doch aufgepasst: Nur wer sich auf Letzterem nicht verläuft, gelangt in der Nähe des Triebischparkplatzes zu einem Bachgeist. Dieser erfüllt angeblich jedem Besucher einen Wunsch. Vorausgesetzt, man verharrt mindestens fünf Minuten in andächtiger Stille regungslos vor ihm. Probieren Sie es aus!
Alle Pfade sind unter Leitung des Sächsischen Lehrforstamtes Tharandt entstanden. Bei ihrer Errichtung wurde ausschließlich Holz aus dem Tharandter Wald verwendet.

Information:
www.tharandt.de.
Die Benutzung ist ganzjährig kostenfrei möglich.

Anfahrt: A4, Abfahrt Wilsdruff, über Grumbach, Tharandt, Hartha nach Grillenburg.

43 Durchs Tal der Weißeritz schnaufen

Sicher lässt es sich schneller von Freital nach Dippoldiswalde fahren, wohl aber kaum romantischer als mit der Weißeritztalbahn. Schon seit 1882 schnauft sie auf 750 Millimetern Spurweite durch die Landschaft und ist damit Deutschlands dienstälteste Schmalspurbahn.

Die Fahrt mit etwa 30 Kilometern pro Stunde ist gemütlich und führt entlang dem Tal der Roten Weißeritz, mitten durch scheinbar unberührte Natur. Ein Ausgangspunkt für eine Fahrt ist der Bahnhof Freital Hainsberg. Nachdem die Weißeritztalbahn Freital verlassen hat, durchquert sie den wildromantischen Rabenauer Grund. In Rabenau lohnt sich ein Besuch des Deutschen Stuhlbaumuseums. Weiter geht es Richtung Talsperre Malter, hinein in die hügelige Landschaft des Osterzgebirges. Packen Sie bei diesem Ausflug Badesachen ein: Im Sommer lohnt sich der Ausstieg an der Talsperre besonders. Mit Badestränden und Bootsverleih bietet sie den Ausflüglern jede Menge Erholungsmöglichkeiten.

Ist Dippoldiswalde erreicht, empfiehlt sich ein Bummel durch den historischen Stadtkern, ein Besuch im Lohgerbermuseum oder eine Wanderung durch die Dippoldiswalder Heide. Ursprünglich fuhr die Weißeritztalbahn noch weiter bis zum Kurort Kipsdorf. Der von der Flut 2002 zerstörte Abschnitt befindet sich noch im Wiederaufbau.

Miss Peggys Tipp

Ob in Dresden, Berlin oder München: Überall in der Republik wissen wir, dass sich im Laden mit dem großen „A" eine Apotheke verbirgt. Weniger bekannt ist, dass das Apothekenzeichen ein Sachse erfunden hat. Der Freitaler Ernst-Paul Weise war der Sieger eines Ausscheides der Deutschen Apothekerschaft 1936. Sein gotisches „A" überzeugte die Jury.

Information: Sächsische Dampfeisenbahngesellschaft, Weißeritztalbahn, Am Bahnhof 1, 01468 Moritzburg; Tel.: 035207/89290; www.weisseritztalbahn.com. Tarife und Fahrplan bitte den aktuellen Informationen der Bahn entnehmen.

Anfahrt: nach Freital: A17, Abfahrt Dresden-Gorbitz, B173 Kesselsdorf/Freital, weiter auf der Kesselsdorfer Straße nach Freital, dort ist die Weißeritztalbahn ausgeschildert. Nach Dippoldiswalde: A17, Abfahrt Bannewitz/Dippoldiswalde/Prag, B170 folgen, Ausschilderung Weißeritztalbahn beachten.

44 Über Dresdens Dächern schweben

Die älteste Bergschwebebahn der Welt bringt Sie vom Dresdener Stadtteil Loschwitz nach Oberloschwitz. Dabei überwinden Sie auf einer Streckenlänge von 274 Metern einen Höhenunterschied von etwa 84 Metern.

Jede Viertelstunde befördert sie Einheimische, Touristen und Ausflügler. Bewegt wird die Bahn durch ein Zugseil, dessen Fördermaschine sich in der Bergstation befindet und auch besichtigt werden kann.

1901 weihte Kronprinz Friedrich August die Bergschwebebahn ein. Von Anfang an fand das Verkehrsmittel großen Zuspruch. Schon im Eröffnungsjahr wurden 385.000 Personen befördert. Seit 1975 steht die Bergschwebebahn unter Denkmalschutz. Nicht nur wegen ihres historischen Charmes ist eine Fahrt mit den Dresdner Bergbahnen ein besonderes Erlebnis. Die Bergstation der Schwebebahn bietet Fahrgästen einen herrlichen Ausblick über das Elbtal und hält für Technikfreunde interessante Ausstellungen zum Bahnbetrieb bereit.

Miss Peggys Tipp

Wenn Sie in Dresden unterwegs sind: Achten Sie doch einmal auf die Ampeln. Nirgendwo in Deutschland gibt es mehr Ampelfrauen als in der Landeshauptstadt. Insgesamt 36 Ampelmädchen mit Zopf und Rock zeigen, ob die Fußgänger gehen dürfen oder stehen bleiben sollen. Hier hat die Frauenquote bereits Einzug gehalten.

Information: Talstation in Loschwitz: Pillnitzer Landstraße 5, 01326 Dresden, Bergstation in Oberloschwitz: Sierksstraße 2, 01326 Dresden; Tel.: 0351/8572410; www.dvb.de.

Fahrplan: Alle 15 Minuten zur vollen Viertelstunde: Winter 10–18 Uhr, Sommer (Ostern bis Ende Oktober) 9.30–20 Uhr.

Fahrpreise: Berg- und Talfahrt: 5 €, Kinder (6 bis 14 Jahre) 3 €. Familienkarte: 12,50 €.

45 Militärgeschichte extravagant präsentiert

Ein riesiger Stahlkeil ragt aus der Fassade des historischen Gebäudes empor: Schon aus der Ferne präsentiert sich das Militärhistorische Museum (MHM) der Bundeswehr in Dresden ungewöhnlich, gar extravagant. Das 2011 wiedereröffnete Haus gehört zu den größten Ausstellungen dieser Art in Europa.

Sieben Jahre war es nach den Plänen von US-Stararchitekt Daniel Libeskind umgebaut worden. Seitdem hat es sich zu einem Publikumsmagneten entwickelt.

Begonnen hat die Geschichte des Militärhistorischen Museums um 1870 mit der Entstehung des Arsenalhauptgebäudes am Olbrichtplatz. Damals wurden vor allem Blankwaffen, Handfeuerwaffen sowie Geschütze der königlichen sächsischen Armee gezeigt. Zwei Weltkriege und Beschlagnahmungen des Inventars durch die Rote Armee hinterließen ihre Spuren. Nach der Jahrtausendwende wurde das Militärhistorische Museum der Bundeswehr umgebaut und im Jahr 2011 wiedereröffnet. Heute präsentiert es die deutsche Militärgeschichte sowie die Geschichte der militärischen Luftfahrt und Luftkriegsführung in Deutschland von den Anfängen bis zur Gegenwart im historischen Gesamtzusammenhang. Der Schwerpunkt liegt dabei auf der militärischen Entwicklung in Deutschland seit 1945 mit Blick auf die Geschichte der Bundeswehr und der Nationalen Volksarmee einschließlich deren Einbindung in die jeweiligen Bündnissysteme.

Information: Militärhistorisches Museum der Bundeswehr, Olbrichtplatz 2, 01099 Dresden; Tel.: 0351/8232803; www.mhmbundeswehr.de.

Öffnungszeiten: Do–Di 10–18 Uhr, Mo 10–21 Uhr, Mi geschlossen.
Eintritt: 5 €, erm. 3 €, Familienkarte 7 €, Mo ab 18 Uhr frei.

46 Dresdens fürstlichste Fassade

Zu den bedeutendsten Sehenswürdigkeiten von Dresden zählt das Wandgemälde vom Fürstenzug, das die Außenseite des Stallhofes an der Augustusstraße schmückt. Mit 102 Metern Länge ist es das größte Porzellanbild der Welt. Das Kunstwerk ist eine Art Ahnengalerie der zwischen 1127 und 1904 herrschenden Wettiner.

Insgesamt 94 Personen sind auf dem Wandfries dargestellt: 35 Herzöge, Markgrafen, Kurfürsten und Könige, die zwischen 1123 und 1904 in Sachsen regierten. Ihnen folgen die wichtigsten Vertreter der Kreuzschule, der Universität Leipzig und der damaligen, 1828 gegründeten Bildungsanstalt. Am Ende des Zuges sind in einer 45 Personen umfassenden Fußgruppe der Maler Ludwig Richter, die Bildhauer Ernst Julius Hähnel und Johannes Schilling, der Architekt Georg Hermann Nicolai, der Gestalter des Fürstenzuges selbst, Wilhelm Walther mit seinen Gehilfen sowie dessen Lehrer Julius Hübner, welcher ihm den Auftrag vermittelt hatte, abgebildet.
Der Künstler Wilhelm Walther fertigte das Kunstwerk zwischen 1872 und 1876. Die Malerei erwies sich jedoch als nicht sehr haltbar. Um 1900 zeigte das Wandbild Risse und Verwitterungsspuren. Deshalb wurde zwischen 1904 und 1907 in der Porzellan-Manufaktur Meissen das Kunstwerk auf 25.000 Kacheln aus Meissener Porzellan übertragen.

Information: Fürstenzug, Augustusstraße, 01067 Dresden; www.fuerstenzugdresden.de.

Anfahrt: Straßenbahn: Linie 4, 8, 9 bis Theaterplatz, Linie 1, 2, 4, 12 bis Altmarkt.

47 Mit dem Raddampfer auf der Elbe

Wer sich an der Schönheit Dresdens sattgesehen hat, steigt an Bord eines Elbdampfers. Auf der Fahrt mit einem Dampfschiff durch das Obere Elbtal können Fahrgäste auf erholsame Weise die reizvolle Landschaft des Elbsandsteingebirges genießen.

Die Weiße Flotte ist die älteste und größte Raddampferflotte der Welt. Auf geniale Art verbinden die Schiffe historisches Flair und modernen Komfort. Von Dresden aus geht eine Route entlang der Weinstraße über Meißen bis Diesbar-Seußlitz. Entgegengesetzt geht es über Pillnitz, Pirna, Königstein bis Rathen in die Sächsische Schweiz. Eindrucksvoll sind auch die großen Schiffsparaden, wenn alle Schiffe in Linie bis Pillnitz fahren, beispielsweise am 1. Mai, zum Dixielandfestival im Mai und dem Dampfschiff-Fest im August. Von Mai bis Oktober können auch Dixieland- oder Sommernachtsfahrten mit Tanz und Buffet gebucht werden. Zur Adventszeit gibt es Lichterfahrten. Und wer möchte, findet auf den Schiffen sogar ein exklusives Ambiente zum Heiraten.

Information: Sächsische Dampfschiffahrts-GmbH & Co. Conti Elbschiffahrts KG, Georg-Treu-Platz 3, 01067 Dresden; Tel.: 0351/866090; Fahrplan und Tarife entnehmen Sie bitte der Webseite: www.saechsische-dampfschiffahrt.de. Abfahrt zum Beispiel am Terrassenufer in Dresden.

Fahrpreis: ab 7,50 €, Kinder (6 bis 15 Jahre) ab 5 €.

6
Alles an Bord!

48 Brunnen und Wasserspiele entdecken

Sachsens Landeshauptstadt ist reich an rauschenden Wasserspielen. Dienten sie einst der Wasserversorgung, bereichern sie heute das Stadtbild und sorgen an heißen Sommertagen für Erfrischung. Ob barocke Landschaft aus Stein oder dezentes Geplätscher zwischen moderner Architektur: Jeder einzelne Brunnen fasziniert auf seine Art.

Mit etwa 300 Brunnen und Wasserspielen gehört Dresden zu den brunnenreichsten Städten Deutschlands. Erste Brunnen wurden schon im 15. Jahrhundert in der Stadt erwähnt. Der älteste erhaltene Brunnen Dresdens ist der Queckbrunnen, der 1461 entstand. Vor allem aus dem Barock stammen zahlreiche Brunnen namhafter Künstler. Damals standen oft die Schmuckelemente im Vordergrund. Allein im barocken Zwinger-Areal befinden sich rund 20 Brunnen. Der gewaltige Neptunbrunnen im ehemaligen Palais Brühl-Marcolini ist mit 40 Metern Breite der größte Brunnen Dresdens. Aus dem 19. Jahrhundert stammt mit dem neogotischen Cholerabrunnen das ornamentreichste Wasserspiel der Stadt. Um 1900 prägten Künstler wie Robert Diez und Georg Wrba die Brunnenentstehung in Dresden, die während der Zeit des Nationalsozialismus zum Erliegen kam. Zahlreiche Brunnenplastiken wurden eingeschmolzen oder zerstört und nur teilweise nach Ende des Zweiten Weltkriegs rekonstruiert.

Information: Die Webseite www.brunnenturmfigur.de befasst sich ausführlich mit Dresdens Wasserspielen.

Das Antlitz der Madonna betrachten

49

Lange Haare, mandelförmige Augen, ein fast unsichtbares Lächeln: Die Rede ist von Raffaels Sixtinischer Madonna. Die schönste Frau der Welt verzaubert jedes Jahr eine halbe Million Menschen und das, obwohl sie schon 500 Jahre alt ist.

1512 erhielt Raffael, der Malerfürst der Renaissance, in Rom den Auftrag für seine Sixtinische Madonna. Heute gehört das Gemälde zu den berühmtesten Kunstwerken der Welt. Auch wer nicht das ganze Bild kennt, kennt zumindest die beiden putzigen Engel, die am unteren Bildrand lümmeln und oft auf Fotos oder Souvenirartikeln vermarktet werden. Bestaunt werden kann das Gesamtkunstwerk in der Gemäldegalerie Alte Meister, die sich im Semperbau am Zwinger in Dresden befindet. Die dort präsentierten Kunstwerke bedeutender Maler versetzen seit Jahrhunderten die Besucher ins Staunen. Inzwischen kommen diese aus aller Welt. Ein Schwerpunkt der rund 750 Meisterwerke zählenden Sammlung bildet die italienische Malerei aus der Zeit der Renaissance, in die sich neben der schönen Madonna weitere Werke so berühmter Maler wie Raffael, Tizian und Botticelli reihen.

Miss Peggys Tipp

Noch heute leben in Dresden wahre Malergenies: Gerhard Richter ist einer der teuersten zeitgenössischen Künstler. Die gesamte Kunstwelt kennt und verehrt ihn.

Information: Semperbau am Zwinger, Theaterplatz 1, 01067 Dresden; Tel. über das Besucherzentrum Residenzschloss: 0351/49142000; www.skd.museum.de.

Öffnungszeiten: täglich 10–18 Uhr, Mo geschlossen.
Eintritt: Zwingerticket 10 €, erm. 7,50 €, Kinder und Jugendliche unter 17 Jahren: frei.

50 Im weltschönsten Milchladen einkaufen

Käse und Milch lassen sich wohl kaum schicker und stilvoller einkaufen als in Pfunds Molkerei in der Bautzner Straße in Dresden. Den schönsten Milchladen der Welt, eingetragen im Guinness-Buch der Rekorde seit 1997, zieren exakt 247,90 Quadratmeter handbemalte Fliesen.

Einkaufen wird hier zum besonderen Erlebnis: Die Augen können sich an den bunten Fliesen kaum satt sehen. Beim Verkosten von Käse oder anderen Produkten gerät auch der Gaumen ins Schwärmen. Die Erfolgsgeschichte der Molkerei geht zurück ins Jahr 1879. Paul Pfund, ein Landwirt aus Reinholdshain, kam damals auf die Idee, die Dresdner täglich mit frischer Milch zu versorgen. Mit seiner Frau und sechs Kühen zog er um und eröffnete einen Laden in der Görlitzer Straße in Dresden. Ein Jahr später gesellte sich sein Bruder, der damals bekannte Schauspieler Friedrich Pfund, dazu. Von da an nannte sich das Unternehmen „Dresdner Molkerei Gebrüder Pfund". Als es zu einer Überproduktion von Milch kam, mussten neue Produktfelder erschlossen werden. So war die Molkerei Pfund die erste in Deutschland, die Kondensmilch, Babynahrung und Milchseife herstellte, was das Unternehmen auch über die Ländergrenzen hinaus bekannt machte. Als der Laden zu klein wurde, zog Pfunds Molkerei 1891 in die Bautzner Straße 79 um, wo sie heute noch zu finden ist.

Die schweren Bombenangriffe auf Dresden 1945 überstand die Molkerei wie durch ein Wunder unbeschadet. Das Geschäft ging nach dem Krieg weiter, bis es 1972 verstaatlicht und schließlich 1978 geschlossen wurde. In den 1990er-Jahren wurde dem alten Milchlädchen neues Leben eingehaucht. Heute bietet Pfunds Molkerei hauptsächlich Milch- und Käsespezialitäten an. Ein besonderes Highlight für die Besucher sind die Käseverkostungen.

Information: Dresdner Molkerei Gebrüder Pfund GmbH, Bautzner Straße 79, 01099 Dresden; Tel.: 0351/808080; www.pfunds.de.

Öffnungszeiten: Mo–Sa 10 Uhr–18 Uhr, So, Feiertage 10–15 Uhr.

Anfahrt: Auto: A4, Abfahrten Wilder Mann oder Hellerau, Richtung Neustädter Bahnhof, Albertplatz, Bautzner Straße.
Straßenbahn: Linie 11, Haltestelle Pulsnitzer Straße.

51 Steinerne Symbolik: Die Frauenkirche

Für Touristen ist sie die wohl bekannteste Sehenswürdigkeit der Stadt. Aber sie ist weitaus mehr: Sie ist das Symbol für Dresden schlechthin. Verkörpert sie doch auf sehr emotionale Art die Stadt und ihre Geschichte. Sie steht für Krieg, Frieden und Versöhnung, aber auch für die Hilfsbereitschaft der Menschen weltweit beim Wiederaufbau. Die Rede ist von der Frauenkirche, der größten protestantische Kirche Europas.

Seit 2005 dominiert die Frauenkirche wieder das Bild des Dresdner Neumarkts. Der Sakralbau besitzt eine der größten steinernen Kirchenkuppeln nördlich der Alpen. Im Jahre 1726 begann der Bau der imposanten Kirche nach den Plänen von George Bähr. Sie wurde im Barockstil errichtet und schließlich 1743 vollendet. Während der schweren Luftangriffe auf Dresden im Zweiten Weltkrieg wurde die Frauenkirche in der Nacht vom 13. zum 14. Februar 1945 schwer beschädigt und stürzte einen Tag später in sich zusammen. Übrig blieben Schutt und Asche. 1966 wurde die Ruine zum Mahnmal gegen den Krieg erklärt. Erst nach der Wende machten es Spenden aus der ganzen Welt möglich, die Frauenkirche wieder auferstehen zu lassen. Rekonstruktion und Wiederaufbau begannen 1995. Am 30. Oktober 2005 bekamen die Dresdner ihre Frauenkirche bei einem Weihegottesdienst und Festakt mit vielen internationalen Gästen zurück. Seitdem zieht sie jährlich Tausende Besucher an, die sie nicht nur bewundern, sondern auch an ihrer bewegten Geschichte teilhaben wollen.

Information: Frauenkirche Dresden, Neumarkt, 01067 Dresden; Tel.: 0351/65606100; www.frauenkirche-dresden.de.
Öffnungszeiten: Mo–Fr 10–12 Uhr, 13–18 Uhr, am Wochenende je nach Veranstaltungsangebot. Die Zeiten der Offenen Kirche variieren, abhängig von Veranstaltungen.
Eintritt: frei, Spenden erbeten.
Anfahrt: Straßenbahn: Linien 1, 2, 4 bis Altmarkt; Linien 1, 2, 3, 4, 7, 12 bis Pirnaischer Platz.
Bus: Linien 62, 75 bis Pirnaischer Platz.

52 Blütenträume: Pillnitzer Kamelie

Sie ist ein richtiges Naturwunder, die Pillnitzer Kamelie. Mehr als 200 Jahre ist sie alt, neun Meter hoch und hat einen Durchmesser von fast elf Metern. Damit ist die Pflanze die älteste und größte Kamelie in Europa. Von Mitte Februar bis April trägt sie Zehntausende glockenförmige, karminrote Blüten.

Dass sie nach Sachsen kam, ist wohl dem Schweden Carl Peter Thunberg zu verdanken. 1779 brachte der Botaniker vier Kamelienpflanzen von seiner Japanreise in die Royal Botanic Gardens nach Kew bei London. Zwei Pflanzen wurden an die Gärten von Herrenhausen in Hannover und Schönbrunn in Wien abgegeben. Eine blieb in Kew. Die vierte Kamelie kam 1770 als 30-jährige Kübelpflanze nach Dresden. Sie hat als einzige die Zeit überdauert. 1801 pflanzte sie der damalige Hofgärtner dort aus, wo sie heute noch steht. Von Anfang an wurde sie im Winter abgedeckt, anfangs noch mit Stroh und Bastmatten, später mit Holzhäusern, die aufwendig auf- und abgebaut sowie beheizt werden mussten. 1992 erhielt die Pillnitzer Kamelie schließlich ihr neues, erstmals fahrbares Schutzhaus. Darin regelt nun ein Klimacomputer Temperatur, Belüftung, Luftfeuchte und Beschattung. Das Haus ist 13,2 Meter hoch und wiegt 54 Tonnen. Drinnen überwintert die Kamelie von Mitte Oktober bis Mitte Mai bei vier bis sechs Grad Celsius. Wenn es wärmer wird, wird das Haus einfach weggerollt, sodass die Pflanze wieder frei im Park stehen kann.

Miss Peggys Tipp

Noch mehr Blütenpracht gibt es in Schloss Zuschendorf in Pirna. Es ist zwar klein, aber trotzdem eines der Superlative. Auf dem Gelände befindet sich nämlich die größte deutsche Hortensiensammlung. Von Juli bis Ende August blühen im dortigen Schlosspark mehr als 300 verschiedene Sorten.

Information: Schloss und Park Pillnitz Dresden, August-Böckstiegel-Straße 2 01326 Dresden; Tel.: 0351/2613260; www.schlosspillnitz.de.

Öffnungszeiten: Park ganzjährig 6 Uhr bis zum Einbruch der Dunkelheit. Kamelienhaus: in der Blütezeit täglich 10–17 Uhr.

Eintritt: Park frei. Kamelienhaus (während der Blüte gekoppelt ans Palmenhaus) 2 €, erm. 1 €. Kinder bis 16 Jahre frei.

Anfahrt: A4, Abfahrt Dresden-Hellerau oder Dresden-Altstadt, Richtung Pillnitz; A17 Abfahrt Pirna, Richtung Radeberg, Ausfahrt Graupa, weiter nach Pillnitz.

53 Flanieren im Barockgarten Großsedlitz

Auf dem linksseitigen Elbhang, zwischen Pirna und Heidenau, liegt der Barockgarten Großsedlitz. Seine mehr als 400 Kübelpflanzen, breiten Treppen, Wasserspiele und sorgsam geschnittenen Hecken machen ihn zu einem der schönsten Gärten Deutschlands. Herausragend ist sein Bestand an Pomeranzen.

Christoph August Graf von Wackerbarth beauftragte den Hofarchitekten Knöffel mit dem Bau seines Altersruhesitzes. Bereits 1721 waren Schloss und Obere Orangerie fertig gestellt. 1723 kaufte August der Starke ihm den Besitz ab und ließ ihn bis 1732 nach seinen Wünschen umgestalten. Der Garten blieb jedoch unvollendet: Statt geplanten 96 Hektar wurden nur zwölf angelegt. Diese aber faszinieren umso mehr. Wo sich einst die feinen Damen und Herren des Hofes vergnügten, wandeln heutige Besucher in gärtnerischer Schönheit. Besondere Kostbarkeiten sind die 64 Sandsteinfiguren und Vasen (davon 24 Originale), die die antike Götterwelt abbilden: Apollo und Daphne, Eros und Psyche scheinen Spaziergängern Geheimnisse zuzuflüstern. Eine Vielzahl von Wasserbecken und Fontänen belebt die Gartenanlage. Herzstück und Festsaal im Grünen ist das Untere Orangerieparterre. Es ist in den Sommermonaten mit rund 150 Bitterorangenbäumchen geschmückt. Diese Pomeranzen-Sammlung zählt zu den größten im deutschsprachigen Raum. Die aus den Früchten hergestellte Marmelade gibt es übrigens im Besucherzentrum zu kaufen. In der sich über mehrere Ebenen erstreckenden Gartenanlage finden Konzerte, Ausstellungen und Feste statt.

Information: Barockgarten Großsedlitz, Parkstraße 85, 01809 Heidenau; Tel.: 03529/56390; www.barockgarten-grosssedlitz.de.
Öffnungszeiten: Der Barockgarten ist ganzjährig zu besichtigen. Während der Hauptsaison von Ostern bis November wird Parkeintritt erhoben.
Eintritt: Wegen Bauarbeiten voraussichtlich bis August 2016 ist der Eintritt in der ersten Hälfte der Saison 2016 von 4 € auf 2,50 € gesenkt, erm. 2 €, Kinder bis 5 Jahre frei.
Anfahrt: A17, Abfahrt Heidenau, B172, Richtung Bad Schandau. In Heidenau der Ausschilderung folgen.

54 Per Straßenbahn ins Elbsandsteingebirge

Gemächlich rattert die Kirnitzschtalbahn dahin. Mehrmals täglich bringt sie vom Kurpark Bad Schandau aus Urlauber, Kurgäste und Ausflügler in eines der schönsten Wandergebiete der Sächsischen Schweiz. Die Kirnitzschtalbahn ist eine Überlandstraßenbahn und gehört der Oberelbischen Verkehrsgesellschaft Pirna-Sebnitz (OVPS), die mit nur dieser einen Linie der kleinste Straßenbahnbetrieb Deutschlands ist und der einzige, der in einem Nationalpark fährt.

Seit 1898 rattert die alte Dame verlässlich ins Gebirge. Auf etwa acht Kilometern Strecke begleitet die meterspurige Bahn das Flüsschen Kirnitzsch auf seinem Lauf durch die bizarre Felsenwelt des Elbsandsteingebirges zwischen Bad Schandau und dem Lichtenhainer Wasserfall, einer im 19. Jahrhundert künstlich angelegten Attraktion. Von allen Stationen aus führen Wanderwege in die herrliche Landschaft, beispielsweise zu den Winterbergen, den Schrammsteinen, den Affensteinen oder dem Kuhstall. Wer in die historischen Fahrzeuge einsteigt, erlebt Straßenbahnromantik pur – und ein Stück Straßenbahngeschichte. Wie vor 80 Jahren drängelt sich ein Schaffner mit Schaffnertasche und Galoppwechsler, mit dem er sehr schnell das Rückgeld abzählen kann, durch die besetzten Wagen. Derweil lassen die Fahrgäste von ihrem Sitzplatz in der Holz- oder Polsterklasse der aufwendig restaurierten Wagen die Landschaft an sich vorbeiziehen. In der Sommersaison von Ende März bis Ende Oktober fährt das Bähnchen halbstündlich ab 9 Uhr morgens. Ansonsten alle 70 Minuten. Gemeinsam mit den „Freunden des Eisenbahnwesens-Verkehrsmuseum Dresden e.V.“, die sich der Pflege der historischen Wagen verschrieben haben, organisiert die OVPS den Traditionsbetrieb auf der Strecke.

Information: Oberelbische Verkehrsgesellschaft Pirna-Sebnitz mbH, Bahnhofstraße 14a, 01796 Pirna; Tel.: 03501/792160; www.ovps.de.

Fahrpreise: Es gelten die Zeitkarten des VVO-Tarifes entsprechend ihrer zeitlichen und räumlichen Gültigkeit. Einzelfahrt 5 €, Tageskarte 8 €, für Kinder (6 bis 14 Jahre jeweils die Hälfte), Familienkarte 20 €.

55 Lieblingspfad einst und jetzt: der Malerweg

Ausgedehnte Felsreviere mit schroffen Abhängen wechseln mit Hochebenen und Wäldern, aus denen Tafelberge ragen: Vor 200 Jahren wurde das Elbsandsteingebirge Inspirationsquelle für Maler. Künstler wie Caspar David Friedrich, Ludwig Richter und Adrian Zingg entdeckten die ungewöhnliche Natur für sich und hielten sie im Bild fest. Auch heute noch fasziniert der Malerweg.

Im Juni 2006 vom Tourismusverband anhand historischer Dokumente unter diesem Namen bekannt gemacht, ist die Tour auf den Spuren der alten Maler einer der beliebtesten Wanderwege in Deutschland. Auf 112 Kilometern führt der Malerweg zu den Perlen der Region, die zu großen Teilen zum Nationalpark Sächsische Schweiz gehören. Der Malerweg vereint Natur, Wandern und Kunst miteinander. Unterteilt in acht Etappen, beginnt die Tour in Pirna-Liebethal am Eingang des Liebethaler Grunds und endet am historischen Markt von Pirna am Canaletto-Haus. Einige Routen erfordern Trittsicherheit und Schwindelfreiheit, ansonsten sind die Anforderungen an Wanderer als mittel bis anspruchsvoll eingestuft. Unterwegs erkennen Sie den Malerweg an seinem „M". Wegweiser zu Sehenswürdigkeiten, Orten und parallelen Wanderwegen sind oft mit dieser Ausschilderung kombiniert.

Der gern als König aller Wanderwege bezeichnete Pfad durch das Elbsandsteingebirge punktet mit einer beeindruckenden Dichte an Attraktionen. Festung Königstein, Pfaffenstein, Barbarine, Kuhstall, Affensteine, Schrammsteine, Kirnitzschtal, Burg Hohnstein, Felsenbühne Rathen und Bastei liegen allesamt an der Strecke.

Information: Tourismusverband Sächsische Schweiz, Bahnhofstr. 21, 01796 Pirna; Tel.: 03501/47017; www.saechsische-schweiz-touristik.de oder www.saechsische-schweiz.de. Anfahrt: siehe Tipp 56.

56 Paradiesisch klettern: Elbsandsteingebirge

Sachsen hat mit dem Elbsandsteingebirge sein Kletterparadies vor der Haustür. Kein anderes Mittelgebirge in Europa bietet so einen spektakulären Wechsel von Ebenen, Schluchten, Tafelbergen und Felsrevieren wie dieses Fleckchen Erde. Nirgends gibt es so viele unterschiedliche Schwierigkeitsgrade nah beieinander.

Das Elbsandsteingebirge ist eines der traditionsreichsten Klettergebiete Deutschlands. Hier begann 1864 das Sächsische Bergsteigen, hier hatte das Freiklettern seinen Ursprung. Das Interesse an den sächsischen Felsen nimmt ständig zu. Davon zeugen nicht nur die zahlreichen Kletterer, die jedes Jahr die 1.108 Klettergipfel und drei Massive mit rund 20.000 Kletterwegen und Varianten erklimmen, sondern auch die zahlreichen Wege, die jährlich an den Felsen erstbegangen werden.

Zu den wichtigsten Klettergebieten der Sächsischen Schweiz gehören das Rathener Gebiet, die Schrammsteine, die Affensteine und das Schmilkaer Gebiet. Beliebt sind auch das Bielatal mit seinen zahlreichen bizarr geformten Felsen sowie der beeindruckende Große Zschand. Die markantesten Felsberge sind der Falkenstein und der Rauschenstein mit vielen klassischen und extrem schwierigen Routen. Das Wahrzeichen der Sächsischen Schweiz, die Barbarine am Pfaffenstein, ist für Kletterer seit 1975 wegen Einsturzgefahr gesperrt und wurde zum Naturdenkmal erklärt.

Miss Peggys Tipp

Anschauen sollten Sie auch die Kleine Sächsische Schweiz im Dörfchen Wehlen. Der Park zeigt die bekanntesten Felsformationen, nachgebaut aus heimischem Sandstein, in Miniatur. Funktionstüchtige historische Schiffsmodelle auf der Elbe, Eisenbahnen, eine Poststation mit Postkutsche, der erste Oberleitungsbus der Welt sowie die schönsten Ausflugsziele der Region sind dort ebenfalls zu finden.

Information: Tourismusverband Sächsische Schweiz, Bahnhofstr. 21, 01796 Pirna; Tel.: 03501/470147; www.saechsische-schweiz.de.

Anfahrt: A4, Autobahndreieck Dresden-West auf A17, Abfahrt Pirna, B172 Richtung Bad Schandau. Hintere Sächsische Schweiz: A4, Ausfahrt Radeberg, bzw. Dresden-Nord über die B6 Richtung Bautzen, Abzweig Stolpen Richtung Bastei.

57 Uhrmacherkunst in Glashütte aufspüren

Glashütte ist seit mehr als 170 Jahren ein bedeutendes Zentrum deutscher Uhrmacherkunst. Nach der Wiedervereinigung wurde die Stadt erneut zum Synonym für höchste Qualität, Präzision und Luxus Made in Germany.

Um ihre wechselvolle Geschichte zu vermitteln, gründeten die Stadt Glashütte und die Manufaktur Glashütte Original im Jahr 2006 die Stiftung „Deutsches Uhrenmuseum Glashütte – Nicolas G. Hayek“. Unter dem Motto „Faszination Zeit – Zeit erleben“ inszeniert das Deutsche Uhrenmuseum nicht nur die lange Tradition des mechanischen Uhrenbaus, sondern verschafft auch einen emotionalen Zugang zum Phänomen Zeit. Auf 1.000 Quadratmetern Ausstellungsfläche werden mehr als 450 Exponate präsentiert und multimedial erlebbar gemacht: Glashütter Taschen- und Armbanduhren verschiedener Epochen, Marinechronometer, historische Urkunden, Werkzeuge sowie astronomische Modelle werden kunstvoll in Szene gesetzt. Seit der Eröffnung 2008 ist das Museum zum Anziehungspunkt für Uhrenliebhaber geworden.

Zu den begehrtesten Uhren der Welt zählen die mechanischen und handgefertigten Zeitmesser aus der traditionsreichen Manufaktur A. Lange und Söhne. Deren Armbanduhr mit Namen „Grande Complication“ kostet 1.920.000 Euro. Nur sechs Stück gibt es davon. Mehr als sieben Jahre dauerten Entwicklung und Montage (876 Einzelteile) dieser Uhren, die zu den kompliziertesten und teuersten gehören, die jemals gefertigt worden sind. Diese sechs Meisterwerke der Uhrmacherkunst waren übrigens sofort ausverkauft.

Miss Peggys Tipp

Aus Sachsen kommen sogar die Gebetsuhren für den Vatikan. Eine Uhrenserie, die Papst Benedikt XVI gewidmet ist, hat ein Sachse in der kleinen Uhrenschmiede KRONSEGLER in Glashütte entwickelt. Sie ist die erste tragbare Uhr mit Anzeige der sieben Stundengebetszeiten.

Information: Deutsches Uhrenmuseum Glashütte, Schillerstraße 3a, 01768 Glashütte; Tel.: 035053/4612101; www.uhrenmuseum-glashuette.de.
Öffnungszeiten: täglich 10–17 Uhr.

Eintritt: 6 €, erm. 4 €, Kinder bis 6 Jahre frei. Familienkarte 12 €.
Anfahrt: A17, Abfahrt Dresden-Südvorstadt, B170 Richtung Dippoldiswalde. In Oberhäslich kurz nach dem Ortseingang links abbiegen auf die Glashütter Straße, dann bis ins Zentrum von Glashütte.

58 Mit Wanderschuhen in die Waschstraße

„Ich wandre ja sogar gerne..“ – nicht nur am Rennsteig, sondern auch in Schellerhau im Erzgebirge. Wanderfreunde kommen gleich doppelt auf ihre Kosten. Hier gibt es ein ausgedehntes und gut beschildertes Wegenetz, wo jeder etwas nach seinem Geschmack findet.

Das Beste: Nach dem Fußmarsch muss sich niemand Gedanken über seine verschmutzen Schuhe machen. Denn direkt am Best Western Ahorn Hotel Stephanshöhe befindet sich Europas höchst gelegene Wanderschuh-Waschstraße: Mithilfe eines Wasseranschlusses und einem Sortiment an geeigneten Schuhbürsten werden die eingestaubten Treter wieder schick. Das Prinzip funktioniert ähnlich wie bei einer Auto-Waschanlage. Nur ist hier der Service kostenlos. Also: Schuhe ausziehen, grob abklopfen, mit Wasser vorreinigen, Hauptwäsche mit Bürsten und noch einmal nachspülen, fertig! So kann man dann mit sauberen Schuhen einkehren, ins Auto steigen oder am nächsten Tag wieder auf Wanderschaft gehen.

Miss Peggys Tipp

Altenberg liegt nicht am Meer, dennoch gibt es in der Stadt im Osterzgebirge eine urige Hafenbar. Mit 741,4 Metern über dem Meeresspiegel ist sie sogar Deutschlands höchstgelegene. Zum Getränk gibt's Seemannsgarn inklusive. Hinterm Tresen steht ein echter Seemann. Während er seine Gäste bewirtet, erzählt er jede Menge Abenteuer, die er auf den Weltmeeren erlebt hat.

Information: Ahorn Hotel Stephanshöhe; Hauptstraße 83, 01773 Altenberg OT Schellerhau; Tel.: 035052/600; www.ahorn-hotels.de.

59 Freibergs Schätze entdecken

Der fast noch vollständig erhaltene mittelalterliche Stadtkern von Freiberg ist für Touristen aus aller Welt ein Magnet. Eindrucksvoll reihen sich in den Gässchen spätgotische Patrizierhäuser eng aneinander. Freiberg hat aber noch mehr zu bieten, wie den Ritt auf einem Löwenrücken oder den Dom mit Goldener Pforte und Silbermannorgel.

Auf dem Obermarkt befindet sich das bronzene Brunnendenkmal von 1897, das den Wettiner Stadtgründer Markgraf Otto den Reichen und vier Wappenlöwen zeigt. Ein Ritt auf einem der Löwenrücken zu Füßen des Denkmals ist Tradition in Freiberg. Zu DDR-Zeiten war das streng verboten, heute wird es geduldet. Vor allem Studenten sind es, die sich einen Spaß daraus machen. Kunsthistorisch bedeutsam ist der Dom St. Marien. Der spätromanische Bau der Marienkirche am Untermarkt wurde um 1180 als kreuzförmige Pfeilerbasilika errichtet. Zu den Kostbarkeiten des Domes gehören die Tulpenkanzel von Hans Witten (1470/80–nach 1522), die Begräbniskapelle der Wettiner und die „Goldene Pforte" (1225), das älteste figurierte Außenportal in Deutschland. Selbst der bekannte Kunsthistoriker Georg Dehio (1850–1932) schwärmte von dem Südeingang des Gotteshauses, der „an Pracht selten, an innerem Adel niemals mehr überboten" wurde. Für Orgelliebhaber dürfte vor allem die große Orgel von Gottfried Silbermann (1683–1753) interessant sein. Sie besitzt 3 Manuale, 44 Register und 2.574 Pfeifen. Von Mai bis Oktober erklingt im Rahmen der Freiberger Abendmusiken die Silbermannorgel jeden Donnerstag. Tausende Besucher zieht es außerdem zu den durchschnittlich 25 Orgelkonzerten im Jahr und vielen Oratorienaufführungen. Freiberg ist eine Stadt des Bergbaus. Die Silberfunde vor mehr als 850 Jahren bescherten Reichtum und Wohlstand, von dem ganz Sachsen profitierte. Die mehrmals im Jahr stattfindenden Paraden der Freiberger Berg- und Hüttenknappschaft zeugen von dieser Tradition.

Information: Tourist-Information, Burgstraße 1, 09599 Freiberg; Telefon: 03731/273664; www.freiberg.de.

Anfahrt: A4, Abfahrt Siebenlehn, B101 in Richtung Freiberg.

60 Freiberg unter Tage: Bergbaugeschichte erleben

Freiberg ist Deutschlands Silberstadt. Hier wurden etwa 5.000 Tonnen des wertvollen Edelmetalls aus dem Boden geholt. Das Streckensystem zieht sich gleich einem Spinnennetz über fünf mal sechs Kilometer direkt unter der Stadt entlang. Insgesamt umfasst es 2.000 Kilometer und zählt damit zu einem der größten Silberbergbaugebiete Europas.

Wer in diesen Teil der Freiberger Geschichte eintauchen möchte, hat mehrere Möglichkeiten. Einen ersten Überblick gewinnen Sie im Stadt- und Bergbaumuseum, einem der ältesten Museen Sachsens. Es zeigt historische Fotos, aber auch Werkzeuge wie Schlägel, Eisen oder Erzschlitten sowie die Schau „Meisterwerke bergbaulicher Kunst".

Bei einer Untertagebefahrung im Besucherbergwerk Reiche Zeche erleben Sie das Abenteuer Bergbau dann hautnah. Mit dem Förderkorb geht es 150 Meter tief in den Schacht, wo Sie das untertägige Streckensystem in verschieden langen, geführten Touren erkunden können.

Einblick in Arbeitsabläufe der Bergleute bietet die Alte Elisabeth. Dieser Übertage-Schacht hat zwei Fördertürme und einen Fahrtenturm. Zu besichtigen sind ebenfalls Bergschmiede und Gebläsehaus, Scheidebank, Betstube sowie Zimmermannswerkstatt.

Miss Peggys Tipp

Hungrig geworden? Wie wäre es mit einem „Freiberger Bauerhasen"? Gebacken wird diese Hefespezialität, die im Mittelalter nur zur Fastenzeit genossen wurde, im „Café Hartmann". Heute jedoch lassen sich die Freiberger den süßen Hasen das ganze Jahr über schmecken. Genau wie die „Freiberger Eierschecke". Diese wird im Gegensatz zu anderen Eierschecken ohne Quark hergestellt. Die Entstehung beruht auf der Legende, dass im 13. Jahrhundert die Freiberger um ihre Stadt herum eine Mauer errichteten, die sie vor Überfällen schützen sollte. Dazu verbrauchten sie Lehm – und Quark. Dieser wurde knapp und durfte nicht mehr zum Backen verwendet werden. Pfiffige Bäckersleut' kreierten ein neues Rezept ohne Quark.

Information: Stadt- und Bergbaumuseum, Am Dom 1, 09599 Freiberg; Tel.: 03731/20250; www.museum-freiberg.de. Besucherbergwerk, Fuchsmühlenweg 9, 09599 Freiberg; Tel.: 03731/394571; www.besucherbergwerk-freiberg.de. Die Einfahrt für Kinder unter 6 Jahren und Senioren über 72 Jahren ist aus sicherheitstechnischen Gründen nicht möglich. Schutzkleidung, Helm und Geleucht werden zur Verfügung gestellt. Festes Schuhwerk wird empfohlen.

Öffnungszeiten: Stadtmuseum: Di–So 10–17 Uhr, Besucherbergwerk: Touren mit Voranmeldung Mi–So 9–17 Uhr.
Eintritt: Stadtmuseum: 3 €, Kinder 1,50 €, Familienkarte: 7 €, Besucherbergwerk: ab 13 €, Kinder ab 6 €, Familienkarte ab 30 €.
Anfahrt: A4, Abfahrt Siebenlehn, B101 in Richtung Freiberg. Zum Besucherbergwerk weiter B173 Richtung Dresden. Die Altstadt umfahren, hinter dem Donatsfriedhof links Am Ostbahnhof, weiter dem Fuchsmühlenweg bis zum Bergwerk folgen.

61 Weltgrößte Mineralienschau: Hier glitzern Edelsteine

Schloss Freudenstein in Freiberg beherbergt einen Schatz: Die „terra mineralia“ ist die größte und wohl schönste Mineralienausstellung weltweit. Mehr als 3.500 glänzende und glitzernde Minerale, Edelsteine und Meteoriten, gefunden in Europa, Asien, Australien, Afrika und Amerika, können Sie hier bestaunen.

Auf vier Etagen sind die kostbaren Steine ausgestellt, sortiert nach Herkunftskontinenten und thematischen Schwerpunkten. So bekommt der Besucher einen Überblick und interessante Hintergrundinformationen nicht nur zu den Mineralien selbst, sondern auch zum Ursprung der Sammlung und den Fundgebieten. Egal ob Kinder, Jugendliche, Mineralsammler, Wissenschaftler oder Touristen: Jeder kann in der „terra mineralia“ etwas für sich entdecken.

Miss Peggys Tipp

Am Stadtrand von Freiberg liegt das Waldbad „Großer Teich“, bei den Einheimischen meist „Soldatenteich“ genannt. Rutsche, Liegewiesen, Spielplatz, Volleyballplätze, Tischtennisanlagen und vieles mehr sorgen für Zeitvertreib. Ein weiterer Badesee ist der Erzengler Teich in Brand-Erbisdorf. Der Teich entstand im 16. Jahrhundert im Zusammenhang mit dem Bergbau. Er ist Bestandteil eines umfangreichen Systems, das zur Wasserversorgung der Gruben angelegt wurde. Die Landestalsperrenverwaltung Sachsen nutzt das Gewässer als Brauchwasserspeicher.

Spannend und überraschend ist die Reise ins Licht. Die Minerale im dunklen Raum sehen zunächst grau und gewöhnlich aus. Betrachtet man sie unter Schwarzlicht, schimmern die Steine in spektakulären Neonfarben. Ein Effekt, den der Fachmann Fluoreszenz nennt. Höhepunkt der Schau ist die Schatzkammer: Die größten und prächtigsten Exponate finden sich hier. Die „terra mineralia“ wurde im Oktober 2008 eröffnet. Alle Ausstellungsstücke stammen aus der Pohl-Ströher-Mineralienstiftung. Die Schweizerin Erika Pohl-Ströher überließ 2004 ihre einzigartige Sammlung der TU Bergakademie Freiberg als Dauerleihgabe.

Information: „terra mineralia" im Schloss Freudenstein, Schloßplatz 4, 09599 Freiberg, Tel.: 03731/394654; www.terra-mineralia.de.
Öffnungszeiten: Mo–Fr 10–17 Uhr, Sa, So 10–18 Uhr.

Eintritt: 8 €, Kinder 4 €. Familienkarte 18 €.
Anfahrt: Auto: A4, Abfahrt Siebenlehn bzw. von Dresden oder Chemnitz auf der B173. Bus: Der Stadtbus Linie E fährt halbstündlich vom Bahnhof zur Haltestelle Schlossplatz.

62 Das Beste des Erzgebirges auf einen Blick

Ganz gemütlich an einem Tag durchs Erzgebirge reisen und dabei viele Attraktionen anschauen, beispielsweise die Burg Kriebstein, Schloss Schlettau, die St.-Annenkirche in Annaberg-Buchholz oder Schloss Freudenstein in Freiberg. Sie meinen, das geht nicht? Doch! Und zwar bei einem Besuch im Miniaturpark „Klein-Erzgebirge" in Oederan.

Im wohl ältesten Miniaturpark der Welt reihen sich die Sehenswürdigkeiten Sachsens und Tschechiens zu einem tollen Erzgebirgspanorama in Miniatur aneinander. Auf rund 17.000 Quadratmetern Fläche gibt es mehr als 200 handgefertigte Modelle, Häuser, Schlösser, Brücken und Bahnen zu bestaunen. Jedes Objekt erzählt dabei nicht nur ein Stück Geschichte der Region, sondern auch seine ganz eigene Historie. Zahlreiche bewegliche Figuren kann man beim Wäschewaschen, Holzhacken oder Feuerlöschen beobachten. Mini-Eisenbahnen schlängeln sich durch detailgetreu nachgebildete Landschaften, Kinder fahren Karussell. Neben den meisten Objekten findet sich ein Hinweisschild, auf dem zu lesen ist, seit wann das Modell im Park steht und worum es sich handelt.

Für weitere Abwechslung beim Besuch im „Klein-Erzgebirge" sorgen Parkeisenbahn, Barfußpfad und Geologiegarten, zahlreiche Veranstaltungen und handwerkliche Schauvorführungen. Angeschlossen an den Miniaturpark ist das „Haus am Klein-Erzgebirge". Das Gebäude beherbergt eine Gaststätte und ein 400 Quadratmeter umfassendes Verkaufs- und Servicezentrum für Schnitzkunst.

Information: Klein-Erzgebirge Miniaturpark, Richard-Wagner-Straße 2, 09569 Oederan; Tel.: 037292 59920; www.klein-erzgebirge.de.

Öffnungszeiten: Von Ostern bis Ende Okt., täglich von 10–18 Uhr.
Eintritt: 10 €, erm. 8 €, Kinder (4 bis 14 Jahre) 7 €. Familienkarte 26 €.
Anfahrt: Von Chemnitz aus auf der B173.

63 Heiße Öfen in der alten Schlossküche

Schloss Augustusburg, das auf 516 Metern Höhe hoch über dem Zschopautal thront, ist schon aus weiter Ferne zu erkennen. Der im 16. Jahrhundert entstandene Komplex diente den sächsischen Kurfürsten mehr als 200 Jahre lang als Jagd- und Lustschloss. Noch heute ist die „Krone des Erzgebirges" eine Augenweide. Und das nicht nur äußerlich. Hinter seinen dicken Mauern verbirgt sich das größte Motorradmuseum Europas.

Ende der 1950er-Jahre wollte der damalige MZ-Kundendienstleiter Rudolf Hiller in Zschopau ein Motorradmuseum gründen. Es fehlte jedoch an einem geeigneten Gebäude. Schließlich wurde man in Augustusburg fündig. Im Oktober 1961 eröffnete das „Zweitakt-Motorradmuseum" im bis dahin leer stehenden Küchenflügel des Schlosses. Derzeit sind es 175 Zweiräder, die Sie auf 1.200 Quadratmetern Ausstellungsfläche bestaunen können. Kombiniert wird die museale Darstellung mit einem Soundsimulator und jeder Menge historischem Filmmaterial. Diese Sammlung ist einmalig. Verdeutlicht sie doch die technische Entwicklung des Motorrades, angefangen 1885 mit dem Daimler Reitwagen mit Petroleummotor. Besonderer Fokus der Ausstellung liegt auf den Zschopauer Motorradfirmen DKW, Auto Union und MZ. Man erfährt von der BK 350 als erster Eigenentwicklung (damals noch unter dem Markenname IFA) und der 500 R mit Rotax-Viertakt-Single als letztem im alten Werk gebauten Motorrad vor der Liquidation 1992. Höhepunkte sind sonst nie zu sehende Prototypen wie ein Viertakt-Versuchsmotor, Studien für den devisenbringenden Export oder je ein luft- und wassergekühlter Prototyp mit Wankelmotor.

Wem all das nicht reicht, der kann das Kutschenmuseum, den historischen Folterkeller, das Jagdmuseum und die Greifvogel-Vorführungen der Schlossfalknerei besuchen. Mit dem Winter- und Oldtimertreffen im Herbst ist Schloss Augustusburg außerdem zu einem Mekka der aktiven Motorradfahrer geworden, das Fans aus ganz Europa anlockt.

Information: Schloss Augustusburg, Schloß 1, 09573 Augustusburg, Tel.: 037291/3800; www.die-sehenswerten-drei.de.

Öffnungszeiten: Apr.–Okt. täglich 9.30–18 Uhr, Nov.–März täglich 10–17 Uhr (24.12. geschlossen; 31.12. bis 14 Uhr; 1.1. ab 11 Uhr).

Eintritt: Motorradmuseum: 6 €, erm. 5 €, Familienkarte 16 €.

Anfahrt: A4, Abfahrt Frankenberg, über Flöha nach Augustusburg. A72 über Chemnitz und Erdmannsdorf.

64 In Chemnitz den Neandertaler durchleuchten

Archäologie ist eine staubtrockene Angelegenheit? Von wegen! Ein Besuch im Staatlichen Museum für Archäologie Chemnitz (Smac), der wohl modernsten Ausstellung ihrer Art in Europa, belehrt Sie eines Besseren. Auf 3.000 Quadratmetern Fläche erlebt der Besucher eine Zeitreise durch sächsische Kulturgeschichte.

Im Zeitraffer wird der Bogen gespannt von der Altsteinzeit bis zur frühen Industrialisierung und umfasst damit rund 300.000 Jahre Menschheitsgeschichte. Die erste Etage stellt das Leben im Wandel der Kalt- und Warmzeiten dar. Tier- und Pflanzenpräparate sowie Lichtstimmungen machen klimatische Schwankungen des Eiszeitalters sinnlich erfahrbar. Einer der Höhepunkte ist der Gläserne Neandertaler. Lichtpunkte zeigen Körpermerkmale, die beim Neandertaler anders sind als bei uns. In der zweiten Ausstellungsebene treffen Sie auf die Kulturen der Sesshaftigkeit. Sie erleben, wie sich unsere Region zwischen 5500 v. Chr. und 800 n. Chr. unter dem Einfluss bäuerlicher Kulturen, der sich entwickelnden technologischen Fähigkeiten und neuer Gesellschaftsformen zu einer Siedlungslandschaft wandelte. Und noch eine Etage geht es weiter nach oben: in die Neuzeit. Eine rund 40 Meter lange Vitrinenwand präsentiert mehr als 1.300 Objekte des alltäglichen Gebrauchs. Alles Dinge, die wir heute noch benutzen und die sich seit Urzeiten kaum verändert haben: Würfel, Ringe, Teller oder auch Sparschweine.

Verbindendes Element zwischen den Etagen ist das Sachsenmodell, eine Landkarte, deren Landesteile sich unabhängig voneinander bewegen lassen und auf denen per Videoprojektion 300.000 Jahre Kulturgeschichte im Zeitraffer dargestellt werden.

Information: Staatliches Museum für Archäologie Chemnitz, Stefan-Heym-Platz 1, 09111 Chemnitz; Tel.: 0371/9119990; www.smac-sachsen.de.

Öffnungszeiten: Di, Mi, Fr–So 10–18 Uhr, Do 10–20 Uhr. Mo Ruhetag (außer an Feiertagen).

Eintritt: 7 €, erm. 4 €. Kinder und Jugendliche unter 17 Jahren frei.

Anfahrt: Bus & Straßenbahn: Linie 2, 5, 21/254, 23, 31, 32, M1 bis Stefan-Heym-Platz oder Linie 1/4 bis Straße der Nationen/Freie Presse,
Auto: A72 Abfahrt Chemnitz-Süd, A4 Abfahrt Chemnitz-Mitte in Richtung Zentrum.

Parken: Direkt gegenüber an der Johanniskirche (Bahnhofstraße/Ecke Augustusburger Straße).

65 Versteinerter Wald von Chemnitz

Chemnitz sitzt auf einem fossilen Schatz: Im Erdreich der Stadt liegt ein Versteinerter Wald, eine weltweit nahezu einzigartige paläobotanische Besonderheit. Immer wieder werden verkieselte Hölzer, überwiegend riesige Baumfarne und Schachtelhalme, bei Bauarbeiten entdeckt – oder gezielt ausgegraben. Einen Teil davon können Sie im Museum für Naturkunde bestaunen.

Die Entstehung der Kieselhölzer steht im Zusammenhang mit dem Ausbruch eines Vulkans im heutigen Zeisigwald vor 290 Millionen Jahren. Die damalige Katastrophe ist für die Wissenschaft heute ein Glücksfall. Beim Ausbruch wurden die Bäume durch die Druckwelle der Eruption entwurzelt, fielen wie Streichhölzer zu Boden. Heiße Asche bedeckte die Stämme und konservierte sie für die Nachwelt.

Seit dem Erstfund 1737 stieß man immer wieder auf verkieselte Hölzer. Mitte des 18. Jahrhunderts ließ man daraus Schmucksteine fertigen. Dass die prächtigen Stämme letztlich bewahrt wurden, ist dem Gründer der Städtischen Naturwissenschaftlichen Sammlungen, Johann Traugott Sterzel, zu verdanken: Er stellte sie ab 1909 vor dem König-Albert-Museum am Theaterplatz aus. Dort wurde der Versteinerte Wald zu einem Wahrzeichen von Chemnitz. Heute sind die meisten Stämme im Kulturkaufhaus DAStietz ausgestellt, der neuen Heimat des Museums für Naturkunde. Hier können Besucher den Vulkanausbruch im Zeisigwald noch einmal audiovisuell miterleben.

2008 begann die gezielte Suche nach den Kieselhölzern. Bis 2011 fand man etwa 630 Versteinerungen von Baumstämmen sowie 1.200 Pflanzen- und Tierabdrücke, etwa die ersten Skorpione aus dem Perm und einen riesigen Schachtelhalm. Seit Mai 2013 entsteht ein „Fenster in die Erdgeschichte“. In der Glockenstraße sollen zehn Jahre lang auf 200 Quadratmetern Fläche vulkanische Gesteinsschichten bis in drei Meter Tiefe abgetragen, dokumentiert und auf Lebensspuren untersucht werden. Punktuell finden hier Veranstaltungen statt.

Information: Museum für Naturkunde, Kulturkaufhaus DAStietz, Moritzstraße 20, 09111 Chemnitz; Tel.: 0371/4884551; www.naturkundemuseum-chemnitz.de oder www.grabungsteam-chemnitz.de.

Öffnungszeiten: Mo, Di, Do, Fr 9–17 Uhr; Sa, So, Feiertag 10–18 Uhr; Mi geschlossen.

Eintritt: 4 €, erm. 2,50 €, Kinder bis 18 Jahre frei.

Anfahrt: A72, Abfahrt Chemnitz-Süd, Richtung Innenstadt; A4, Abfahrt Chemnitz-Mitte.

66 Staunen und spielen im Deutschen SPIELEmuseum

Mensch ärgere Dich nicht, Uno, Scrabble, Mikado, Monopoly, Schach, Kicker: Rappelvoll sind die Regale und Vitrinen im Deutschen SPIELEmuseum. Rund 40.000 Spiele umfasst die Sammlung. Sie sind Grundstock für die Dauer- und viele Sonderausstellungen. Die Exponate aus tausend Jahren Spielegeschichte stammen aus der ganzen Welt. Schon allein deshalb ist das SPIELEmuseum einzigartig.

„Astragale“, eine Art Würfelspiel, gehört zu den ältesten Sammelstücken. Damit vertrieben sich bereits die alten Römer die Zeit. Spiele in der Streichholzschachtel sind die kleinsten Exponate, ein Puzzle, geziert von den legendären Graffiti-Strichfiguren des Amerikaners Keith Haring (1958–1990), ist das größte der Ausstellung. Zusammengesetzt beansprucht es eine Fläche von 5,44 mal 1,92 Metern. Der wohl ungewöhnlichste Museumsschatz ist der unscheinbare Schachcomputer, gegen den der frühere DDR-Staatschef Erich Honecker regelmäßig antrat. Nicht fehlen darf Monopoly. 200 verschiedene Exponate gibt es davon im SPIELEmuseum, darunter selbst gebastelte Varianten aus Papier und Sperrholz. Denn Monopoly gab es bis zur Wende nur im Westen zu kaufen. Erweitert wird die Sammlung regelmäßig um die „Spiele des Jahres“.
Das Beste am Deutschen SPIELEmuseum ist, dass die Besucher selbst spielen dürfen. Das Erdgeschoss ist deshalb komplett als Spielzimmer eingerichtet. Das eigentliche Museum befindet sich im Obergeschoss. Der Verein Deutsches SPIELEmuseum wurde 1986 in Hamburg gegründet. 1994 hat er in Chemnitz seine neue Heimat gefunden.

Information: Neefestraße 78A, 09119 Chemnitz; www.deutsches-spielemuseum.de; Tel.: 0371/306565. Barrierefrei.
Öffnungszeiten: Mi, Do, Fr: 13–18 Uhr; Sa, So, Feiertag: 13–19 Uhr, für Gruppen nach Vereinbarung. Erweiterte Öffnungszeiten zu den Schulferien in Sachsen.
Eintritt: 4 €, Kinder 2 €.
Familienkarte: 10 €.

Anfahrt: Das Museum befindet sich an einer Parallelstraße zur eigentlichen Neefestraße. Auto: A72 Abfahrt Chemnitz-Süd, Richtung Zentrum, an der Ampelkreuzung Chemnitz-Arena links abbiegen, dann gleich wieder rechts. Bus: Linie 23 oder 43, Haltestelle Platner Straße; Straßenbahn: Linie 1, Haltestelle Kappler Drehe, Richtung Lützowstraße, nach der Eisenbahnrücke rechts.

67 Abtauchen ins funkelnde Reich der Felsendome

Bei konstanten sieben Grad Celsius bietet die unterirdische Welt der Felsendome Rabenstein nicht nur tolle Eindrücke, sondern an heißen Sommertagen auch eine willkommene Abkühlung. Längst ist das Bergwerk nicht nur bei Ausflüglern beliebt. Die gefluteten unteren Sohlen sind ideal für Höhlentaucher.

Ursprünglich waren die Felsendome ein Kalkbergwerk, das um 1375 erstmals erwähnt und Anfang des 19. Jahrhunderts stillgelegt wurde. Heutzutage ist es eine beliebte Touristenattraktion am Stadtrand von Chemnitz. Kein Wunder, denn das Besucherbergwerk lädt ein zu einer Reise in die Welt der Stalagmiten und Stalaktiten, kristallklaren Bergseen und riesigen Säle. Der schönste und eindrucksvollste von ihnen ist der Marmorsaal. Ein unterirdischer See ruft dort prächtige Wasserspiegelungen hervor und erweckt damit Zwerge, Gnome und andere fantasievolle Gestalten zum Leben. Im Winter, bei anhaltend frostigen Temperaturen, verwandelt sich der Marmorsaal in einen zauberhaften Eispalast. Der Domsaal hingegen besticht bei einer Größe von 35 mal 32 Metern sowie einer Höhe von 9 Metern mit fantastischer Akustik, weshalb er gern für Konzerte genutzt wird. Die blaue und die grüne Grotte mit ihren Bergseen sind ebenfalls sehenswert. Im Berg kommen unterschiedliche Gesteinsarten vor: neben Marmor vor allem verschiedene Kalksteine, Phyllite und Amphibolschiefer. Die meisten Gesteine können Sie als Andenken im Souvenirladen erstehen.

Die Unterwelt von Rabenstein kann man nicht nur zu Fuß entdecken. Die Felsendome gehören zu den Besucherbergwerken, in denen getaucht werden darf (auf Voranmeldung: www.sachsenluft.de).

Information: Felsendome Rabenstein,
Weg nach dem Kalkwerk 4,
09117 Chemnitz, Tel.: 0371/8080037;
www.felsendome.de.
Öffnungszeiten: ganzjährig, täglich 10–17 Uhr. Führungen stündlich ab 10 Uhr.
Eintritt: 7 €, (bei Gruppen ab 10 Personen 6 €), Schüler 5 €, Kinder im Vorschulalter 4,50 €.

Anfahrt: A4 Abfahrt Chemnitz-Rabenstein, Richtung Chemnitz, Oberfrohnaer Straße, links in die Trützschlerstraße, Limbacher Straße bis zum Weg nach dem Kalkwerk. A72: Abfahrt Chemnitz-Rottluff, Rottluffer Straße, Limbacher Straße, kurz nach der Autobahnbrücke rechts abbiegen auf den Weg nach dem Kalkwerk.

68 Reise um die Welt und zu den Sternen

Wie wäre es mit einer Reise um die Welt und einem anschließenden Flug zu den Sternen? In Lichtenstein gibt es genau das, ganz ohne Koffer packen zu müssen. Miniwelt und Minikosmos laden dort zu einem besonderen Ausflug ein.

Vor dem Pariser Eifelturm stehen, dem Kapitol in Washington einen Besuch abstatten oder am Turm zu Belem in Lissabon dem Kanonendonner lauschen: Mehr als 100 Mini-Sehenswürdigkeiten aus der ganzen Welt sind hier zu bestaunen.

Alle Modelle wurden im Maßstab 1:25 nachgebaut und sind, soweit es geht, ihrem Original ähnlich. So wurden beispielsweise 22.000 kleine Steine aus Postaer Sandstein bei der Dresdner Frauenkirche verarbeitet – die schwarzen Steine stecken an derselben Stelle wie beim Original. Der Berliner Fernsehturm ist mit seinen 14,60 Metern das größte Modell in der Miniwelt. Gerade mal 48 Zentimeter Länge misst ein Lausitzer Umgebindehaus – es ist die kleinste Sehenswürdigkeit. Die Göltzschtalbrücke ist mit 22,96 Metern das längste, der buddhistische Borobudur-Tempel eines der aufwendigsten Modelle. Allein für dieses Werk haben die Macher 500.000 Einzelteile verbaut.

Gleich im Eingangsbereich der Miniwelt befindet sich der Minikosmos, das modernste Kleinplanetarium Sachsens. Dort werden das ganze Jahr über verschiedene Sternenshows in einer faszinierenden 360-Grad-Multimedia-Darstellung gezeigt. Beim Flug durch das Planetensystem hebt der Besucher mit dem Space-Shuttle von der Erde ab und erkundet Mond, Venus, Jupiter und Saturn, bis er schließlich auf dem Mars landet.

Information: Miniwelt, Chemnitzer Straße 43, 09350 Lichtenstein; www.miniwelt.de, Tel.: 037204/72255.
Öffnungszeiten: 23. März–6. Nov. täglich 9–18 Uhr.
Eintritt: Kombi-Tageskarte für Miniwelt und Minikosmos: 10 €, Kinder (5 bis 15 Jahre) 8 €, Familienkarte 30 €.
Anfahrt: A4, Abfahrt Hohenstein-Ernstthal, Richtung Lichtenstein über St. Egidien, in Lichtenstein auf die B173 in Richtung Chemnitz. Ab dem Bahnhof Lichtenstein fahren die Buslinien 251 und 152 direkt zur Miniwelt.

69 Weltmeisterlich fahren auf dem Sachsenring

Die Atmosphäre ist gewaltig, die sportliche Begeisterung enorm: Am Sachsenring bei Hohenstein-Ernstthal trifft sich die Crème der Motorrad-Rennsportszene. 2017 feiert die Traditionsstrecke ihren 90. Geburtstag.

Als am 26. Mai 1927 mitten durch Hohenstein-Ernstthal das Badberg-Vierecks-Rennen ausgetragen wurde, war dies die Geburtsstunde der legendären Rennstrecke. 1934 sahen die Zuschauer hier den ersten Großen Preis von Deutschland, 1936 und 1938 den Grand Prix von Europa.

Von 1961 bis 1972 wurden auf dem Sachsenring Läufe zur Motorrad-Weltmeisterschaft ausgetragen. Nach vielen Jahren faszinierenden Rennsports und Zuschauerrekorden von bis zu 480.000 Menschen, wurde es ruhig am Ring. Nach einer Verlegung vor die Tore der Stadt und der Eröffnung des neuen Verkehrssicherheitszentrums feierte die Rennstrecke 1996 ihr Comeback. 1998 kehrte die Motorrad-Weltmeisterschaft an den Sachsenring zurück. Mittlerweile gehört der Kurs zu den besten Adressen aller Grand Prix. Doch der Sachsenring ist noch mehr! Das moderne Verkehrssicherheitszentrum ist Teststrecke: Fahrsicherheitstrainings für Lkw, Pkw, Bus und Motorrad werden hier angeboten. Testen Sie doch selbst einmal die Trainingspisten. Auch eine Schleuderplatte und computergesteuerte Anlagen, wie die sich in Sekunden bewässernde Fahrbahn, stehen den Teilnehmern dabei zur Verfügung.

Information: Verkehrssicherheitszentrum am Sachsenring, Am Sachsenring 2, 09353 Oberlungwitz; Tel.: 03723/65330; www.sachsenring.de oder www.sachsenring-circuit.com.

Eintritt: Es gelten die Ticketpreise der jeweiligen Veranstalter.

Anfahrt: A4 Richtung Dresden, Abfahrt Hohenstein-Ernstthal, B180. A4 Richtung Erfurt, Abfahrt Wüstenbrand, S242 Richtung Oberlungwitz, B173 Richtung Hohenstein-Ernstthal.

Badespaß und Wanderlust an der Koberbachtalsperre

70

Schwimmen, spazieren, und relaxen: Die Koberbachtalsperre in der Nähe von Werdau ist ein beliebtes Ausflugsziel. Einst für die Brauchwasserversorgung der Industrie gebaut, dient sie jetzt dem Hochwasserschutz und der Erholung.

Nach dreijähriger Bauzeit wurde die Talsperre im Oktober 1929 in Betrieb genommen. Dafür wurden der Koberbach, ein Nebenfluss der Pleiße, und der Erdbach angestaut. Der fischreiche, bis zu 30 Meter tiefe Stausee, lädt nicht nur zum Angeln ein.
Am Südufer gibt es eine Liegewiese, einen Campingplatz, ein Strandbad sowie die Gastwirtschaft „Seehaus". Das gegenüberliegende, bewaldete und bis zu 30 Meter hohe Steilufer ist ideales Wandergebiet. Wie wäre es mit einer Tour rund um die Talsperre? Wer Lust auf eine Bootstour hat, kann sich Ruder- oder Tretboote ausleihen.
Hinterm Lenkrad sitzen und auf Hollywood schauen, das bietet gleich in der Nähe das Autokino Langenhessen.

Miss Peggys Tipp

Schaukel, Wippe, Kletterbrücke, ein Trapez über'n Bach, Wackeltiere, einen Tummelplatz, Barren und vieles, vieles mehr hat der Waldsportplatz Stöckener Hasenheide zu bieten. Für Kinder ist dieser Spielplatz in der Nähe von Langenbernsdorf ein echtes Paradies. Das Besondere daran: Alle Spielgeräte sind in die Umgebung des Werdauer Waldes eingebunden, was den Kids selbstverständlich am meisten fetzt.

Information: Strandbad Koberbachtalsperre, Kleinbernsdorfer Straße 10, Werdau OT Langengessen; Tel.: 03761/2689; www.strandbad-kober.de. Autokino Langenhessen, Kleinbernsdorfer Str. 5, 08412 Werdau OT Langenhessen; Tel.: 03762/41243; www.autokino-langenhessen.de.

Öffnungszeiten: Strandbad: Mitte Mai–Mitte Sep., Boote ab Apr., Autokino: ab Apr., Ende witterungsabhängig.

Eintritt: Strandbad: 3 €, Kinder (4 bis 16 Jahre) 1,90 €. Autokino: 7,50 €, Kinder 6,50 €, Auto: 1 €.

Anfahrt: von Werdau oder Crimmitschau aus kommend der Beschilderung „Talsperre", Richtung Niederalbertsdorf folgen.

71 Auf Zeitreise im Schloss Blankenhain

Dieses Freilichtmuseum lässt Geschichte erleben! Schloss Blankenhain bei Crimmitschau zeigt, wie dörflicher Alltag früher funktionierte. Das alte Rittergut mit seinem barocken Schloss, dem Park und den weitestgehend original erhaltenen Wirtschaftsgebäuden beherbergt das Deutsche Landwirtschaftsmuseum.

Die Komplexität dieses Erlebnismuseums ist europaweit einmalig. Der Besucher tritt in die Lebenswelt eines alten Bauernhofes ein, fühlt sich in der Dorfschule als ehrfürchtiger Schüler, bestaunt eine der selten gewordenen Bockwindmühlen. Selbst ein Mausoleum, ein alter Pfarrhof, Bauern- und Kräutergarten gehören zur Entdeckungsreise durch die Zeit. Kein Wunder, dass dieses Schaustück ländlicher Lebenswelt schon mehrfach als Filmkulisse diente.

In den alten Ställen des Gutshofs steht heute die Landwirtschaftstechnik. Im Forsthaus sieht der Besucher, wie der letzte Gutsförster lebte. Hier wird auch die Bedeutung des Waldes als Lebens- und Wirtschaftsraum erklärt. Die Museumsanlage zeigt früheres Brau- und Brennwesen, aber auch inzwischen fast ausgestorbene Gewerke wie die Böttcherei und Seilerei. Vollkommen funktionsfähig sind die Dorfschmiede, eine Stellmacherei und das Sägewerk. Hier finden regelmäßig Schauvorführungen statt. Auf Anmeldung können Kindergruppen Lehmbau, Imkerei und Fachwerk-Hausbau ausprobieren und das Leben früherer Generationen eindrücklich nachempfinden. Wer von all dem ganz hungrig geworden ist, hat zu Aktionstagen vielleicht das Glück, ein Stück Kuchen aus dem Altdeutschen Kohlebackofen der Bäckerei zu erstehen.

Einer der Höhepunkte im Jahr ist das Traktorentreffen im September, zu dem im Schlosshof historische Zugmaschinen vorgeführt werden.

Information: Deutsches Landwirtschaftsmuseum Schloss Blankenhain, Am Schloss 9, 08451 Crimmitschau / OT Blankenhain; Tel.: 036608/2321; www.deutsches-landwirtschaftsmuseum.de.
Öffnungszeiten: 10. Feb.–30. Apr. 9–17 Uhr, Mo Ruhetag; 1. Mai–15. Okt. täglich 9–18 Uhr; 16. Okt.–15. Nov. 9–17 Uhr, Mo Ruhetag; im Winter geschlossen.
Eintritt: 6 €, erm.: 4 €, Kinder (6 bis unter 16 Jahre) 4 €, Familienkarte 15€.
Anfahrt: A 4, Abfahrt Schmölln, Richtung Crimmitschau.

72 Dampfmaschinen, Annoncenuhr und Oldtimer in Werdau

„Wat is en Dampfmaschin? Da stelle mer uns mal janz dumm …“ Aber nicht doch! Wer eine Antwort auf die Frage von Gymnasialprofessor Bömmel aus dem bekannten Film „Die Feuerzangenbowle“ sucht, der findet sie im Stadt- und Dampfmaschinenmuseum Werdau.

Das Museum beherbergt neben einer Schau zur Stadt- und Industriegeschichte und einer Sammlung von Porzellan aus Fraureuth auch zwei funktionsfähige Dampfmaschinen. Die größere der beiden, ein 600 PS starkes Stahlross, wurde 1899 von der Zwickauer Maschinenfabrik gebaut. Bis 1941 lief sie in der Produktion der Streichgarn- und Vigogne-Spinnerei C.F. Schmelzer und Sohn in Werdau. Zehn weitere Jahre diente sie als Notstromaggregat. Nach ihrer endgültigen Stilllegung wurde diese Dampfmaschine 1959 unter Denkmalschutz gestellt, war sie doch die erste ihrer Art in Deutschland, die den Dampf über eine Fernleitung bekam. Die zweite Dampfmaschine, die Sie in Werdau bestaunen können, wurde 1894 in Chemnitz gefertigt. Sie diente in der ehemaligen Sohllederfabrik Müller in Adorf zum Antrieb der Lederpresse. 1956 erfolgte auch ihre Stilllegung, seit 1987 steht dieses technische Meisterwerk ebenfalls unter Denkmalschutz.

Die Große Kreisstadt Werdau bietet ihren Gästen aber noch andere sehenswerte Dinge, beispielsweise die 1890 aufgestellte Annoncenuhr in der August-Bebel-Straße. Sie enthält neben der Uhr eine Windrose sowie ein Barometer und ist eine der wenigen noch in Deutschland erhaltenen derartigen Säulen. Sie wird bis heute für Annoncen und Bekanntmachungen genutzt.

Liebhabern alter Fahrzeuge dürfte Werdau ebenfalls ein Begriff sein. Das Oldtimertreffen hat sich zum alljährlich stattfindenden Großereignis etabliert und ist das größte Nutzfahrzeug-Oldtimertreffen seiner Art in Deutschland.

Informationen: Stadt- und Dampfmaschinenmuseum, Holzstraße 2, 08412 Werdau; Tel.: 03761/75031; www.werdau.de.
Öffnungszeiten: Mo, Di, Mi, Do, So 10–16 Uhr, Fr, Sa geschlossen.

Eintritt: 2,50 €, Kinder ab 6 Jahren 1€.
Anfahrt: A72, Abfahrt Zwickau-West, S293 Richtung Werdau, B175, danach ausgeschildert.

73 Auf Spuren der Automobilgeschichte

Nicht nur für Liebhaber chromblitzender Karossen ist diese Ausstellung ein Muss! 112 Jahre sächsische Automobilgeschichte hautnah erleben – das bietet das August-Horch-Museum in Zwickau. Im ehemaligen Gebäude des Audi-Werkes sind 80 Prachtexemplare der Automobilkunst ausgestellt. Falls Sie es noch nicht wussten, „Horch“, übersetzt ins Lateinische, heißt „Audi“.

Zu den besonderen Schmuckstücken gehören der Horch 14-17 PS von 1904 sowie ein Horch 12/28 PS Phaeton aus dem Jahr 1911. Sie sind die ältesten Modelle der Schau. Neben vielen Autos geht es auch um das Leben und Wirken von August Horch. So können die Besucher das Büro des Auto-Konstrukteurs bewundern oder sich eine Tankstelle und eine Straße im Stil der 1930er-Jahre anschauen. Der Besucher fühlt sich in der Zeit zurückversetzt und gewinnt ein Gefühl dafür, welch imposanten Eindruck 1936 das Horch Sportcabriolet 853 auf die Leute gemacht haben muss.

August Horch hat mit seinem unternehmerischen Mut und Innovationstalent Automobilgeschichte in Zwickau geschrieben. Mit der Gründung der Horch- und Audi-Werke begann eine unglaubliche Erfolgsgeschichte. Zum 100. Jubiläum der Gründung der Horch Motorenwagen AG Zwickau wurde das August-Horch-Museum im September 2004 eingeweiht. Ein Jahr später folgte mit der Eröffnung des ehemaligen Kontorgebäudes und der Horch-Villa die Erweiterung der Ausstellung auf rund 3.000 Quadratmeter. 2016, geplant für die zweite Jahreshälfte, wird nach einer erneuten Erweiterung die Ausstellungsfläche auf insgesamt 6.500 Quadratmeter verdoppelt. Das bisherige Museum widmet sich dann gänzlich der Zwickauer Automobilbaugeschichte bis zum Ende des Zweiten Weltkriegs. Der Erweiterungsbau thematisiert außer der dorthin verlagerten Abteilung zum Rennsport der 1930er-Jahre ausschließlich die Nachkriegshistorie vom Trabant bis zum Volkswagen.

Information: August-Horch-Museum, Audistraße 7, 08058 Zwickau; Tel.: 0375/27173812; www.horch-museum.de.

Öffnungszeiten: Di–So 9.30–17 Uhr, Mo Ruhetag.

Eintritt: 6 €, ermäßigt 4 €, Kinder unter 6 Jahren frei.

Anfahrt: A4 oder A72, Abfahrt Zwickau, Richtung Zentrum. In der Stadt ist das Museum an jeder größeren Kreuzung deutlich ausgeschildert und leicht zu finden.

74 Uralte Häuser und romantische Komponisten

Links gegenüber dem Zwickauer Dom befinden sich die vier Priesterhäuser. Die zweigeschossigen Gebäude gehören zu den ältesten Wohnbauten in Deutschland und dienen heute als Museum für Stadt- und Kulturgeschichte.

Das jetzige Denkmalensemble mit den steilen Satteldächern ist ein Überbleibsel von einst zwölf gleichartigen Häusern, die bis in die zweite Hälfte des 19. Jahrhunderts den Marienkirchhof umgaben und Heimstatt der Kirchenangestellten waren.
Das erste Haus entstand im Jahr 1264, wie archäologische Funde bestätigen. Neben verschiedenen Dauer- und Sonderausstellungen können sich die Besucher in den Stuben und Kammern, die mit historischem Inventar und teils nachgebauten Möbelstücken ausgestattet sind, selbst einen Eindruck von Leben und Alltag im Spätmittelalter machen. Und das zu besonderen Anlässen sogar schmecken, etwa bei der Verkostung einer Brotsuppe aus der alten Rußküche.
Untrennbar verbunden ist Zwickau mit Robert Schumann (1810–1856). Sein Denkmal grüßt auf dem Hauptmarkt. Nur ein paar Schritte davon entfernt befindet sich das Robert-Schumann-Haus. Dies bietet neben der Ausstellung zu Leben und Werk des romantischen Komponisten regelmäßig Konzerte, ist eine international renommierte Forschungsstätte und beherbergt die weltweit größte geschlossene Schumann-Sammlung mit mehr als 4.000 Originalhandschriften Robert Schumanns und seiner Ehefrau Clara. Die Geschichte des Hauses, in dem Robert Schumann geboren wurde, geht zurück bis auf das Jahr 1450. Damit gehört es ebenfalls zu den ältesten Wohnhäusern Deutschlands.

Informationen: Priesterhäuser Zwickau, Domhof 5–8, 08056 Zwickau; Tel.: 0375/834551; www.priesterhaeuser.de. Robert-Schumann-Haus, Hauptmarkt 5, 08056 Zwickau; Tel.: 0375/834401; www.schumannzwickau.de.

Öffnungszeiten: Priesterhäuser: Di–So 13–18 Uhr, Mo geschlossen; Schumann-Haus: Mo geschlossen, Di, Mi, Do, Fr 10–17 Uhr, Sa/So 13–17 Uhr.

Eintritt: frei, außer bei Sonderveranstaltungen.

Anfahrt: A4, Abfahrt Meerane, B93 bis ins Stadtzentrum von Zwickau.

75 Gelenau hat den Größten

Alle Jahre wieder zur Weihnachtszeit entsteht dieser Wettbewerb aufs Neue: Spieldosen und Pyramiden, Weihnachtsbäume auf dem Marktplatz – alle werden gemessen und verglichen. Nicht fehlen darf in diesem Reigen der Schwibbogen. Der größte begehbare, der größte freistehende wird gesucht. Mit 36,90 Metern Breite und 19,98 Metern Höhe hat Gelenau den größten überhaupt. Er ziert die Fassade eines Firmengebäudes – und dies sogar ganzjährig.

Ursprünglich geht der Brauch, einen Lichterbogen ins Fenster zu stellen, auf die Sehnsucht der Bergleute nach Licht zurück, das sie besonders in den Wintermonaten kaum zu sehen bekamen. Heutzutage leuchtet zur Weihnachtszeit im Erzgebirge in fast jedem Fenster ein Schwibbogen.

Rainer Scherzer aus Gelenau begann 2009 mit dem Aufbau eines gigantischen Schwibbogens aus Holz. Am Gebäude seiner Firma, einer ehemaligen Textilfabrik, in dem auch das Pohl-Ströher-Depot mit seiner Volkskunstsammlung beheimatet ist, entstand zunächst ein 21,88 Meter breiter und 8,33 Meter hoher Bogen mit Erzgebirgsrelief und 16 Kerzen.

In den folgenden Jahren kamen noch zwei Figuren hinzu: Heimatdichter Karl Stülpner und ein „Buschweibl". Als bekannt wurde, dass in Johanngeorgenstadt ein weiterer Riesenschwibbogen entstehen soll, baute Scherzer in Gelenau an. Der Querbalken wurde verbreitert. Außerdem erhielt der Bogen Füße und einen Sternschnuppen-Aufsatz sowie zwölf weitere Kerzen. Damit erreichte er seine jetzige, bis dato unerreichte Größe.

Miss Peggys Tipp

Der wohl größte Räuchermann der Welt steht in Seiffen. 5,12 Meter groß und 2 Tonnen schwer ist der auf einer Bank an einem Kachelofen sitzende Holz-Großvater. Für Rauch sorgt alle Viertelstunde eine Nebelmaschine im Innern des hölzernen Alten. Rund zwei Jahre hat der Bau gedauert. Seine Schöpfer, der Neuhausener Drechsler Ehrenfried Kluge und Holzspielzeugmacher Michael Piesnack, haben beantragt, den Räuchermann ins Guinness Buch der Rekorde aufzunehmen.

Information: JR Carport & Holzbau GmbH, Emil-Werner-Weg 96, 09423 Gelenau; Tel.: 037297 49653; www.carport-holzbau.de.

Öffnungszeiten: ganzjährig frei zugänglich.
Eintritt: frei.
Anfahrt: B95 Richtung Annaberg-Buchholz, Abzweig Gelenau.

76 Erstes deutsches Strumpfmuseum in Gelenau

Frauen tragen welche, Männer ebenfalls und Kinder sowieso. Die bunten, gestreiften oder einfarbigen, mal kuschelig warmen, mal luftig frischen Strümpfe sind aus unserer Garderobe nicht mehr wegzudenken. Doch wohl kaum einer macht sich Gedanken darüber, wie sie hergestellt werden. Ein ganzes Museum nur über dieses Kleidungsstück gibt es in Gelenau.

Seit 1992 lädt das Erste Deutsche Strumpfmuseum zu einem Besuch ein. Sowohl Maschinen als auch jede Menge Gegenstände rund um die Strumpfwirkerei sind darin zu bestaunen. Bei einer kurzweiligen Führung erfahren Sie interessante Fakten über die Strumpfindustrie, die über Jahrhunderte hinweg maßgeblich die Geschichte des Ortes geprägt hat.

Im Erdgeschoss des Museums befinden sich die alten Gerätschaften: Etwa eine zwölf Meter lange Cottonmaschine, die im frühen 19. Jahrhundert zur Herstellung von Strümpfen genutzt wurde. Außerdem Spulmaschinen und moderne Strickautomaten. Da fast alle Geräte funktionstüchtig sind, werden sie den Besuchern oft und gerne vorgeführt. Im ersten Obergeschoss stehen Maschinen, die der Weiterverarbeitung und Nachbesserung dienten, beispielsweise Kettel-, Näh- und Formmaschinen. Neben vielen technischen Anlagen lädt auch eine Strumpfwirkerstube aus der Zeit um 1900 zur Besichtigung ein – und selbstverständlich sieht man jede Menge Strümpfe. Fortgesetzt wird die mehr als 250-jährige Geschichte der Herstellung von Strümpfen in Gelenau inzwischen nur noch von der Firma AHOGEE. Der Strumpfbetrieb produziert noch im Ort Strümpfe, bietet sie im Fabrikverkauf feil und ist der letzte von ehemals 50 hier ansässigen Unternehmen.

Ebenfalls im Strumpfmuseum zu finden sind eine ständige Ausstellung des Gelenauer Schnitzvereins, die private Leihgabe einer Sammlung von Hämmern, Äxten und Beilen aus den vielfältigsten Berufen und Zeitepochen sowie ständig wechselnde Sonderausstellungen.

Informationen: Erstes Deutsches Strumpfmuseum, Rathausplatz 1a, 09423 Gelenau; www.gelenau.de.
Öffnungszeiten: derzeit nur nach Vereinbarung, Infos und Anmeldungen unter 037297/47824 oder 037297/849614.
Eintritt: 4 €, Kinder 2,50 €.
Anfahrt: über die B95 oder B174 Richtung Marienberg, Abzweig Amtsberg.

77 Frühlingslust in Drebach: lila Krokuswiesen

Wenn der Winter zu Ende geht, der letzte Schnee geschmolzen ist und die Natur langsam wieder zu neuem Leben erwacht, ist auf den Wiesen im Erzgebirgsdörfchen Drebach ein ganz besonderes Naturschauspiel zu beobachten: die Krokusblüte. Diesen Termin sollten Sie nicht verpassen!

Mehr als 40 Flächennaturdenkmale mit insgesamt sieben Hektar gibt es in Drebach, auf denen die wild wachsenden Frühlingsblüher angesiedelt sind. Weil sie so zart aus dem gerade aufgetauten Boden sprießen, werden die Krokusse auch als „Nackte Jungfern" bezeichnet. Anders als die gezüchteten Pflanzen im Garten, gibt es den Drebacher Krokus nicht in Gelb oder Weiß. Der wilde Krokus hat eine kleinere Blüte und schmalere Kronenblätter. Die Farbe ist hell- bis dunkelviolett. Seit mehr als 300 Jahren kann man ihre Blüte bewundern. Denn so alt ist die jährlich wiederkehrende Blütenpracht. Pfarrer David Rebentrost (1648–1703), der gleichzeitig Arzt, Heilpraktiker und Pflanzenzüchter war, hatte einen Krokus von Kurfürst Johann Georg II. geschenkt bekommen, weil er ihn nach einem Jagdunfall behandelt hatte. Dieser Krokus breitete sich im ganzen Ort aus. Seit 1934 stehen die Wiesen unter Naturschutz, die Flächen sind Naturdenkmale und dürfen nicht betreten werden. Doch auch vom Rand der Wiesen aus genießt man einen fantastischen Blick auf das lila Blütenmeer der „Nackten Jungfern". Die Krokusse blühen nur zwei bis drei Wochen irgendwann zwischen Anfang März und Ende April. Wichtig für einen Ausflug ist deshalb, den richtigen Zeitpunkt zu erwischen. Zur Krokusblüte werden in Drebach Sonderparkplätze eingerichtet und ausgeschildert. An wichtigen Punkten im Ort stehen Informationstafeln zur Krokusblüte.

Information: Gemeindeverwaltung Drebach OT Scharfenstein, August-Bebel-Straße 25 b, 09430 Drebach; Tel.: 03725/70740; www.gemeinde-drebach.de.

Die Gemeinde gibt auf der Webseite den Stand der Krokusblüte bekannt.
Eintritt: frei.
Anfahrt: B95 Richtung Annaberg-Buchholz, Abfahrt Drebach.

78 Auf dem Glockenwanderweg

Mit Seiffen verbinden sich für Touristen vor allem drei Dinge: Holzkunst, die barocke Rundkirche und eine wunderschöne Umgebung. Doch der Ort hat eine weitere Attraktion: den ersten Glockenwanderweg Deutschlands.

Das ganze Jahr über können Seiffens Besucher in die einzigartige Welt der Kunsthandwerker und Spielzeughersteller eintauchen. Schauwerkstätten und Manufakturen demonstrieren die aufwendige Fertigung der Engel, Nussknacker, Räuchermänner und Schwibbogen. Aktivurlauber erkunden im Winter auf Skiern die wunderschöne Landschaft rund um Seiffen. Im Sommer locken jede Menge Rad- und Wanderwege. Einer davon ist der erste Glockenwanderweg Deutschlands.

Der Rundwanderweg verbindet auf 23 Kilometern Strecke 16 Stationen, die sich alle mit dem Thema Glocke befassen. Geläute unterschiedlichster Art informieren über Kirchen-, Orts-, Kultur- und Bergbaugeschichte. Die Idee dazu hatte Wolfgang Braun, Holzspielzeugmachermeister im Ortsteil Oberlochmühle. Als 2012 die alte Dorfkirche von Deutschneudorf ein neues Bronzegussgeläut bekam, stand die Frage, wohin mit den alten Bochumer Glocken aus dem Jahr 1869, den ältesten aus Stahl, die in Sachsen noch in Betrieb waren. Braun regte einen Wanderweg an, auf dem die drei ausgedienten Glocken – Gebets-, Ewigkeits- und Taufglocken – einen würdigen Platz bekommen sollten. Zusammen mit den Kirchenglocken von Deutschneudorf, Deutscheinsiedel und der Bergkirche Seiffen bilden sie die Eckpunkte des Weges. Ergänzt werden sie durch Schul-, Feuer-, Stunden-, Porzellan-, Kunst- oder Häuerglocken. Darüber hinaus säumt die erste Wanderkapelle im sächsischen Erzgebirge den Weg.

Information: Touristinformation Seiffen, Hauptstraße 73, 09548 Kurort Seiffen; Tel.: 037362/8438; www.seiffen.de.

Anfahrt: A4, Abfahrt Chemnitz, Marienberg, Olbernhau oder A4, Abfahrt Nossen, Freiberg, Sayda und Neuhausen.

79 Faszination Modelleisenbahn in Thermalbad Wiesenbad

Der Traum vor allem kleiner Jungen und großer Männer wird im Modellbahnland Erzgebirge wahr. Im Ortsteil Schönfeld des Thermalbades Wiesenbad befindet sich Europas größte Modellbahnanlage der Spur 1.

Mehr als 30 Züge rattern über 660 Meter Gleise, rangieren über 290 Weichen auf einer Schaufläche von 770 Quadratmetern hin und her und passieren dabei rund 450 Gebäude und 40.000 Bäume. Die Anlage im Maßstab 1:32 ist eine originalgetreue Abbildung des oberen Erzgebirges rund um Annaberg-Buchholz. Stundenlang können die Besucher hier nicht nur die Bähnchen bestaunen, sondern auch die modellierte Landschaft. Pöhlberg, Bärenstein und der Fichtelberg geben der dargestellten Natur auf dieser dreidimensionalen Landkarte ebenso ihr charakteristisches Aussehen wie die Flusstäler von Sehma, Zschopau und Schwarzwasser.

Landschaft, Gebäude, Brücken und Straßen spiegeln die Region in der Zeit um 1980 wider. Akustische Elemente wie das Schnaufen alter Dampfloks erlebt der Besucher genauso wie den Tageszeitenwechsel. Dafür wird jede halbe Stunde der Ausstellungsraum verdunkelt. Für sieben Minuten ist es dann Nacht im Erzgebirge. In den kleinen Häusern, auf den Straßen und Plätzen gehen die Lichter an – genauso wie im richtigen Leben.

Wer hungrig geworden ist vom vielen Schauen und Staunen, kann eine Pause in dem ans Modellbahnland angeschlossene Restaurant „Gutgusch'l“ einlegen.

Information: Modellbahnland Erzgebirge, Mittelweg 4, 09488 Thermalbad Wiesenbad OT Schönfeld; Tel.: 03733/596357; www.modellbahnland-erzgebirge.de.
Öffnungszeiten: Di–So 10–17 Uhr, auch an Feiertagen. Außer am 24. und 31. Dezember.

Eintritt: 9,50 €, Kinder (6 bis 16 Jahre) 5 € oder (4 bis 5 Jahre) 4 €. Familienkarte 23 €.
Anfahrt: direkt an der B95, Richtung Annaberg-Buchholz.

80 Meisterliche Holzkunst: Die weltgrößte Krippe

Nicht nur in der Advents- und Weihnachtszeit begeistert die Bergmännische Krippe die Besucher der Bergkirche in Annaberg-Buchholz. Sie entstand in Zusammenarbeit von Stadt, Kirchgemeinde und regionalen Sponsoren und ist ein Meisterwerk erzgebirgischer Handwerkskunst. Diese Krippe ist die größte auf der ganzen Welt. Sie besteht aus 32 meisterhaft gestalteten und im Durchschnitt 1,20 Meter großen Holzfiguren.

2008 begannen Holzbildhauer mit dem Bau der Krippe. Jedes Jahr kamen neue Figuren hinzu. Seit ihrer Fertigstellung im Dezember 2015 kann die Krippe in der einzigen Bergkirche Sachsens, St. Marien in Annaberg-Buchholz, angeschaut werden.

Das Kunstwerk verbindet Bergbau- mit Glaubens- und Stadtgeschichte: Das biblische Weihnachtsgeschehen ist mitten in einer Bergbaulandschaft des 19. Jahrhunderts angesiedelt. Im Zentrum liegt das Jesuskind in seiner Krippe. Seine Geburt verbreitet sich wie ein Lauffeuer in der Stadt. Ein Bergzimmermann stellt Joseph dar, Maria ist eine stillende Mutter. Die drei Weisen sind drei Obersteiger aus den Bergrevieren Freiberg, Schneeberg und Annaberg. Eine Reverenz an die harte Arbeit der Bergleute sind die zwei Berginvaliden. Eine Bäckerfamilie, die mit Gaben zur Krippe geht und eine Gruppe, die aus Bauer, Fleischer und Schuster besteht, symbolisieren die Aufnahme der Weihnachtsbotschaft durch die Vertreter des Handwerks und der Stände.

Durch zwei Nachtwächter erfahren Ratsherr und Marktfrau vom Geschehen. Gelehrter und Pfarrer symbolisieren die Vertreter der Geisteswissenschaften und der Geistlichkeit. Auch erzgebirgstypische Berufe wie Klöpplerin und Waldmann sind vertreten. Es gibt einen Wirt, Hausierer, Schutzmann, eine Bettlerin und zwei Kinder, die ihr liebstes Spielzeug zum Christuskind bringen. Eine zauberhafte Szene aus Holz!

Information: Bergkirche St. Marien, Münzgasse 5, 09456 Annaberg-Buchholz; www.annaberg-buchholz.de
Öffnungszeiten: täglich 10–17 Uhr.

Eintritt: frei.
Anfahrt: B95 nach Annaberg-Buchholz. Die Bergkirche befindet sich direkt im Zentrum der Stadt am Marktplatz.

81 Annaberger Kät: Größtes Volksfest im Erzgebirge

Zuckerwatte essen, an Losbuden sein Glück versuchen, Karussell fahren: Für Rummelfans ist ein Besuch auf der Annaberger Kät ein Muss. Obwohl fast ein halbes Jahrtausend alt, hat sie nichts von ihrer Faszination eingebüßt. Mehr als 100 Schausteller bauen alljährlich ihre Stände und Fahrgeschäfte auf. Der Schaustellerverband betrachtet die Kät sogar als eines der größten Volksfeste Deutschlands. Auf jeden Fall ist sie das größte und traditionsreichste Volksfest Sachsens.

Wenn einmal im Jahr, zwei Wochen nach Pfingsten, für zehn Tage die Annaberger Kät öffnet, Spaß und Nervenkitzel hunderttausende Gäste in ihren Bann ziehen, denkt wohl niemand über die Umstände nach, die dieses Volksfest einst begründeten. Dass es sich überhaupt etablieren konnte, ist dem Stadtgründer, Herzog Georg dem Bärtigen (1471–1539), zu verdanken. Das Fest entstand 1520 aus einer katholischen Wallfahrt zum Trinitatisfest heraus. Wie bei fast allen Wallfahrten entwickelte sich im Umfeld reges Markttreiben, das der Verpflegung und Unterhaltung der Wallfahrer diente. In Annaberg war das der Dreieinigkeitsmarkt. Hier liegt der Ursprung des Namens „Kät". Die Erzgebirger nannten das bunte Treiben den „Dreiänichkätsmarkt" und das kirchliche Fest „Dreiänichkätsfast". Daraus entstand der Kurzname Kät.
1936 wurde der Beginn der Kät um eine Woche auf den jetzt traditionellen Termin verschoben. Der Zustrom von Gästen, Schaustellern und Händlern nahm ständig zu, 1938 zählte die Kät 150 Schausteller. Auch in der DDR blieb der Rummel populär. Seit der Wende kommen jedes Jahr zahlreiche technisch anspruchsvolle Fahrgeschäfte nach Annaberg-Buchholz. Das Multivisionsgeschäft „Sensorium" oder der Freifallturm „Top of the World" sind manchem Besucher sicher noch in Erinnerung. Durch das Gastspiel des „Euro-Stars", der größten transportablen Achterbahn der Welt, wurde 1999 mit einer halben Million Gästen ein Besucherrekord aufgestellt.

Information: KÄT-Platz, Ernst-Roch-Straße, 09456 Annaberg-Buchholz; Tourist-Information: Tel.: 03733/19433; www.annaberg-buchholz.de.

Termin 2016: 27. Mai–5. Juni.

Anfahrt: Auto: Von Chemnitz aus auf der B95, von Aue oder Schwarzenberg auf der B101.

Bus und Bahn: Ab Busbahnhof Stadtverkehrslinien B, C und D Richtung Kätplatz. Ab Unterer Bahnhof Stadtverkehrslinie A zum Busbahnhof. An Wochentagen verkehrt die Linie B vom Unteren Bahnhof direkt zum Kätplatz.

Parken: Das Parkleitsystem, speziell die Schilder „P KÄT", beachten.

82 Musik verbindet in Bad Schlema

Alljährlich im September wird der Kurort Bad Schlema zur Hauptstadt von Europas Blasmusik-Liebhabern. Schon seit 1992 findet das Event hier statt, zunächst unter dem Namen Internationales Musikfest, seit 1998 als Europäisches Blasmusikfestival.

Ihre Sprache ist die Musik: An drei Festivaltagen fühlt sich die Crème de la Crème der europäischen Blasorchester in Bad Schlema miteinander musikalisch verbunden. Orchester aus mindestens elf Ländern heizen mit 60 Konzerten verschiedenster Genres den 4.000 Besuchern im Festzelt ordentlich ein. Ob Swing, Bigband-Sound, Volksmusik oder für Bläser arrangierte Rockmusik – die Fülle des Programms ist in Europa einzigartig. Selbst klassische Musik wird von Posaune und Co. auf höchstem Niveau interpretiert. Die zwei Festumzüge mit je 1.000 Teilnehmern haben am dritten Wochenende im September magnetische Anziehungskraft für die jährlich rund 20.000 Festivalbesucher aus Deutschland und ganz Europa. 2016 findet das Festival vom 16. bis 18. September statt. Initiiert wurde das musikalische Großereignis vor 25 Jahren vom Bergmannsblasorchester Kurbad Schlema, das selbst mit mehr als 40 Jahren Erfahrung aufwarten kann.

Information: Bergmannsblasorchester Kurbad Schlema e.V., Bergstraße 22, 08301 Bad Schlema; Tel.: 03771/2534030; www.bergmannsblasorchester.de. Festivalgelände: Marktpassage in Bad Schlema.

Eintritt: 20 € inkl. 1 Getränk.
Anfahrt: A72, Abfahrt Zwickau-West, Richtung Schneeberg. Weiter über die B93 und B169 nach Bad Schlema. Das Festgelände ist ausgeschildert.

Wernesgrüner
ERZgas

83 Kleine Tiere ganz groß in Aue

Gigantismus ist in diesem Tiergarten nicht gefragt. Elefanten oder Giraffen sucht man hier vergeblich. Vielmehr dreht sich alles um die kleinsten Vertreter aus dem Tierreich. Der Zoo der Minis am Stadtrand von Aue ist der weltweit einzige Zoo, der auf Mini- und Zwergtiere spezialisiert ist.

Rund 430 tierische Zwerge in mehr als 70 Arten tummeln sich im Tiergarten. Vertreten ist dabei fast das ganze Minitieralphabet von A wie Amerikanischer Miniesel bis Z wie Zwergotter oder Zwergginsterkatze. Zu den allerkleinsten Bewohnern gehören mit gerade einmal sieben Millimetern Größe (ausgewachsen neun Millimeter) die Zwerggarnelen. Gut sichtbar sind sie im Aquarium trotzdem durch ihre knallrote Farbe. Neben all diesen Minitieren gibt es auch ein paar normal große Exemplare: Bei ihnen liegt der Schwerpunkt auf der Haltung von vom Aussterben bedrohten Arten. So leben zwei von weltweit nur noch 50 in Zoos gehaltenen Chinesischen Leoparden in Aue. Der Tierpark ist auch das Zuhause von Curly, einem 1,75 Meter großen Emu-Hahn. Er ist ein ganz besonders putziger Vogel: Statt die grünen Eier des Emu-Huhns, versucht der Papa in spe versehentlich immer wieder, einen gleichfarbigen Wassereimer auszubrüten.

Dann wäre da noch die Zwergotterdame Ferrett. Sie ist weit über die Stadtgrenzen hinaus berühmt. War sie doch als Orakel der heimliche Star der Fußball-Europameisterschaft 2012. Drei Mal hat sie einen Sieg für Deutschland vorausgesagt.

1960 wurde der Tiergarten eröffnet. Fuchs und Waldkauz gehörten zu den ersten Bewohnern. Anfang der 1970er-Jahre lebten etwa 90 Tierarten in Aue, darunter Bären, Kamele und Wölfe. Im Laufe der Zeit reichte das 2,5 Hektar große Gelände nicht mehr aus. Da die Gestaltung von großen Tieranlagen auf räumliche Grenzen stieß, wurde Mitte der 1990er-Jahre mit der Idee von einem Zoo der Minis ein ganz neues Profil entwickelt.

Information: Zoo der Minis, Damaschkestraße 1, 08280 Aue; Tel.: 03771/23773; www.zooderminis.de.
Öffnungszeiten: täglich 9–18 Uhr (Sommerzeit), 9–16 Uhr (Winterzeit).
Eintritt: 4 €, Kinder 2 €.
Anfahrt: B101 in Richtung Schwarzenberg, in die Damaschkestraße abbiegen.

84 Einkaufen im kleinsten Supermarkt Deutschlands

Im Schwarzenberger Ortsteil Bermsgrün gibt es den wohl kleinsten Supermarkt Deutschlands mit Vollsortiment. Gerade mal 8,9 Quadratmeter ist er groß. Dennoch verkauft Besitzerin Ursula Kurze dort alles, was für den täglichen Bedarf gebraucht wird. Ladendiebstahl muss sie nicht fürchten, dafür ist ihr Supermarkt viel zu übersichtlich. Mehr als drei Kunden gleichzeitig passen nicht rein. Auch Einkaufswagen braucht man nicht.

Käse, Milch, Butter, Marmelade, Kaffee, Tütensuppen, Ketchup, Schokolade, Gewürze, Getränke, Pantoffeln, Nähgarn, Bürsten, Scheuermilch, Streusalz, Strumpfhosen, Tassen, Gardinenhaken: Rund 1.200 Artikel stapeln sich in den Regalen des kleinen Raumes bis nach oben. Fleisch gibt es nur auf Bestellung, aber die Auswahl an der Wursttheke kann sich sehen lassen: Etwa die Jagdwurst, die noch genauso schmeckt wie zu DDR-Zeiten. Im Sommer kann Ursula Kurze sogar mit Softeis dienen. Ist mal etwas nicht vorrätig oder haben die Kunden einen besonderen Wunschartikel, dann wird er bestellt. Auch Pakete nimmt sie an und verkauft Briefmarken. Neben Vollsortiment bietet der Mini-Markt auch vollen Service: Wer arbeitet und es zeitlich nicht schafft, in den Supermarkt zu kommen oder wem der Weg zu beschwerlich ist, dem liefert die Chefin die gewünschten Artikel sogar nach Hause. Die Einkaufsliste kann zuvor telefonisch durchgegeben werden.

Information: Kaufmarkt Kurze, Gemeindestraße 11, 08340 Schwarzenberg/Bermsgrün, Telefon: 03774/23713.

Öffnungszeiten: Mo–Fr: 8.30–12.30 Uhr, 14.30–18 Uhr; Sa 6.30–9 Uhr. Oder bei Bedarf einfach klingeln.

hungert bloß
für die Erben!
GRILL&
KAMIN
Anzünder
GUT GÜNSTIG
Frische
Sauerkrau
Feinfros
- Gemüse, F
- Klöße
ERDÄPFEL
Speisekartoffeln
HOT CHILI KETCHUP
Monster
WUNDERBALL

85 Kraftwerk zum Anfassen

Ein Kraftwerk zum Anfassen und unter der Erde, das gibt es nur in Markersbach. Das Pumpspeicherkraftwerk Markersbach ist eines der größten Wasserkraftwerke in Europa und in Bezug auf die installierte Leistung das zweitgrößte Wasserkraftwerk Deutschlands.

Einen besonders schönen Ausblick genießt man vom Oberbecken. Bei guter Sicht liegt einem das ganze Westerzgebirge zu Füßen. Traumhafte Sonnenuntergänge gibt es dort auch. Das Kraftwerk besteht aus einem Oberbecken und einem Unterbecken. Das Oberbecken ist ein künstlich angelegter Stausee ohne natürliche Zuflüsse. Es liegt 850 Meter über dem Meeresspiegel und hat einen Speicherraum von 6,3 Millionen Kubikmeter Wasser. Das Unterbecken liegt in 563 Metern Höhe über dem Meeresspiegel. Wenn ein Überangebot an Strom verfügbar ist, pumpt das Pumpspeicherkraftwerk Wasser aus dem Unter- ins Oberbecken. Die Wasserkraft-Maschinensätze, die dafür notwendig sind, stehen in einem 44 Meter hohen Schacht, der wiederum 120 Meter unter der Erde liegt. Auf Wunsch und nach Voranmeldung können diese unterirdischen Anlagen auch besichtigt werden.
1961 wurde ein Wettbewerb für ein neues Pumpspeicherkraftwerk ausgeschrieben. Schließlich wurde der Standort Markersbach, am Fluß Große Mittweida ausgewählt. Nach Abschluss zahlreicher Vorbereitungsarbeiten begann 1970 der Bau. Das Dorf Obermittweida wurde dafür umgesiedelt. Das Pumpspeicherkraftwerk Markersbach wurde 1979 eröffnet und ist seitdem, abgesehen von renovierungsbedingten Unterbrechungen in den Jahren 1990, 1998 und 2007/2008, durchgehend in Betrieb.

Information: Pumpspeicherkraftwerk Markersbach, Oberbeckenstraße 8, 08352 Raschau-Markersbach; Tel.: 03774/8992280; kraftwerke.vattenfall.de.

Anfahrt: B101 in Richtung Annaberg Buchholz, rechts abbiegen in die Oberbeckenstraße bis Parkplatz Pumpspeicherkraftwerk.

160
180
10 Mp

86 Räuchernde Vielfalt in Cranzahl

„Wenn es Raachermannel nabelt", ist Weihnachten im Erzgebirge. Dann haben die kleinen Gesellen mit dicken Backen und rundem Mund, aus dem weihnachtlich duftender Rauch quillt, ihren großen Auftritt. Neben Nussknackern, Schwibbögen und Pyramiden gehören Räuchermänner zur traditionellen Weihnachtsdekoration. Sie schmücken die Wohnstuben mittlerweile auf der ganzen Welt. Grund genug also, dieser Figur ein eigenes Museum zu widmen.

Das erste Räuchermann-Museum Deutschlands steht in Sehmatal-Cranzahl. Es wurde 2012 in den Räumen einer ehemaligen Färberei eröffnet. Auf 200 Quadratmetern Fläche sind mehr als 2.000 verschiedene Räucherfiguren ausgestellt. Sie stammen von Herstellern aus dem Erzgebirge, teilweise sind sie auch Leihgaben von Privatpersonen. Sie geben einen Überblick über die Geschichte der Räuchermännchenherstellung. Hier können Sie verschiedene Stilarten, Kollektionen und Figurentypen sehen. Das kleinste Räuchermännchen der Ausstellung ist fünf Zentimeter, das größte 80 Zentimeter hoch. Das älteste Sammlerstück stammt aus der Zeit um 1930. Ergänzt wird die Ausstellung um eine Räucherkerzen-Schau mitsamt Gerätschaften zu ihrer Herstellung.
Erstmals erwähnt wurde das Räuchermännchen um 1830. Aus Papier oder Sägemehl hergestellt, bestanden die Figuren schon damals aus zwei miteinander verbundenen Teilen, in deren Mitte sich der Brennraum für die Räucherkerzen befand. Heutzutage werden die Räuchermänner aus heimischen Laubhölzern wie Buche, Fichte oder Birke gefertigt. Mit Beginn des 20. Jahrhunderts gab es auch längst nicht nur den Räuchermann, sondern auch Räucherfrauen, beide in berufstypischen Ausführungen. Der moderne Räuchermann kommt als Golfer, Snowboardfahrer und Fußballer daher. Der echte und originale Räuchermann aus dem Erzgebirge hat Idealmaße zwischen 15 bis 40 Zentimeter, größere Exemplare, beispielsweise für den Garten, schaffen es auch schon mal auf einen Meter Höhe.

Information: 1. Räuchermann-Museum, Dorfstraße 44, 09465 Sehmatal-Cranzahl; Tel.: 037342/7603; www.raachermannlmuseum.de.

Öffnungszeiten: Mo–Sa 10–17 Uhr, So, Feiertage 13.30–17 Uhr.
Eintritt: 2,50 €, Kinder (6 bis 16 Jahre) 1 €, Familienkarte: 6 €.
Anfahrt: B95, in Kühberg Richtung Cranzahl.

87 Gekaspert wird nicht im Neudorfer Suppenmuseum

„Nein, meine Suppe ess' ich nicht!" So etwas wie im Kinderbuch „Struwwelpeter" gibt es im Neudorfer Suppenmuseum nicht. Das kleine Museum im Erzgebirge gilt als Eldorado für alle Suppenfans. In liebevoll gestalteten Räumen gibt es Küchenutensilien und Alltagsgegenstände zu bestaunen, die alle mit Suppe und deren Zubereitung zu tun haben. Wer nach einem Besuch hier seine Suppe immer noch nicht essen will, dem ist dann wohl nicht mehr zu helfen.

Laut einer Sage lebte in den Wäldern von Neudorf ein Einsiedler namens „Katzn Hans". Irgendwann wollte er sich nicht mehr nur von Beeren, Pilzen und Wurzeln ernähren. Also machte er sich auf den Weg, um sich etwas Brot zu erbetteln. Die armen Leute in Neudorf hatten allerdings selbst kein Brot. Jedoch wurde ihm in jedem Haus ein Teller Suppe angeboten. Die Auswahl war groß: Es gab Mehl- und Milchsuppen, Schrot- und Kartoffelsuppen, Brot- und Semmelsuppen, Kräuter-, Nessel-, Pilzsuppen und vieles mehr. Auf dem Heimweg schleppte sich der „Katzn Hans" mit vollem Bauch den Berg hinauf und rief: „Neudorf – du bist ein Suppendorf!" Von da an wurden die Neudorfer „de Suppenländer" genannt. Noch heute werden sie ihrem Ruf auch gerecht. Mit Suppenkochmeisterschaften und Suppentopfziehen wird im Ort die Suppenkochkunst gepflegt. Und es gibt das Suppenmuseum, das einzige seiner Art in Deutschland. In sieben Ausstellungsräumen findet der Besucher alles, was zur Löffelspeise gehört: Terrinen, Teller, Töpfe, Tassen, komplett eingerichtete alte Küchen und sogar Rezepte zum Nachkochen – mehr als 3.000 Exponate. Eine Dokumentation erzählt die Geschichte der Suppe an sich, gewürzt mit lustigen Sprichwörtern und kleinen Anekdoten.

Information: Neudorfer Suppenmuseum, Karlsbader Straße 164, 09465 Sehmatal-Neudorf; Tel.: 037342/16045; www.suppenmuseum-neudorf.de.
Öffnungszeiten: Mo–Sa 10.30–15 Uhr, So, Feiertag 11–15 Uhr.

Eintritt: 3 €, Kinder (8 bis 14 Jahre) 1,50 €, Familienkarte 7,50 €.
Anfahrt: über die B101. In Neudorf an der Hauptstraße Richtung Oberwiesenthal befindet sich ca. 200 Meter nach der Kreuzung das Suppenmuseum auf der rechten Seite.

88 Die höchstgelegene Stadt Deutschlands entdecken

Dem Himmel ganz nah kommen Sie in Oberwiesenthal. Deutschlands höchstgelegene Stadt (914 Meter) liegt direkt an der Grenze zu Tschechien, umrahmt von den beiden höchsten Gipfeln des Erzgebirges, dem Fichtelberg (1.215 Meter) und dem auf böhmischer Seite gelegenen Klinovec (1.244 Meter).

Oberwiesenthal steckt voller Superlative. Es ist ein Mekka für Skifahrer und Wanderer. Im Winter laden schneebedeckte Hänge die Wintersportler zu Ski alpin, Snowboard, Langlauf und Rodeln ein. Dabei ist schon die Anreise ins Skigebiet, eine Fahrt mit der ältesten Seilschwebebahn Deutschlands auf den höchsten Berg Sachsens, ein unvergessliches Erlebnis. In der wärmeren Jahreszeit stehen für eine erlebnisreiche Freizeitgestaltung 80 Kilometer Wanderwege und 70 Kilometer Radwanderwege, ein Hochseilgarten, eine Sommerrodelbahn und eine Minigolfanlage zur Verfügung. Und weil die Luft hier oben so gut ist, ist Oberwiesenthal auch ein Kurort.

Kurios, dass gerade diese hoch im Gebirge liegende Stadt mit einem Korallenriff aufwartet, dem längsten in ganz Deutschland. Im 17 Meter langen Riff, welches sich im Meeresaquarium befindet, tummeln sich farbenprächtige Fische und Korallen. Seepferdchen wiegen sich in Korallenästen, Sandröhrenaale schauen wie Spazierstöcke aus dem Bodengrund.

Dringend zu empfehlen ist auch eine Fahrt mit der mehr als 100 Jahre alten, dampfbetriebenen Schmalspurbahn. Die Bimmelbahn, wie die Fichtelbergbahn liebevoll genannt wird, schnauft täglich zwischen dem Kurort Oberwiesenthal und Cranzahl hin und her. Für die 17,3 Kilometer lange Strecke durch das romantische Sehma- und Pöhlbachtal benötigt der Dampfzug etwa eine Stunde.

Information: Gästeinformation: Karlsbader Straße 3, 09484 Kurort Oberwiesenthal, Tel.: 037348/1550-50; www.oberwiesenthal.de. Meeresaquarium: Vierenstraße 11A, 09484 Oberwiesenthal; Tel.: 0172/7809551; www.meeresaquarium-am-fichtelberg.de. Fichtelbergbahn: Bahnhofstraße 7, 09484 Kurort Oberwiesenthal; Tel.: 037348/151-0; www.fichtelbergbahn.de.

Öffnungszeiten: Meeresaquarium: täglich 10–18 Uhr.

Eintritt: Meeresaquarium: 8 €, erm. 7 €, Kinder (3–16 Jahre) 4 €, Familienkarte 20 €.

Anfahrt: Die B95 führt von Chemnitz aus direkt nach Oberwiesenthal.

Parken: Direkt am Bahnhof keine Parkplätze. Der städtische Parkplatz P1 (kostenpflichtig) ist ca. 350 m entfernt.

89 Sachsens Höchster: Der Blauenthaler Wasserfall

Tosend stürzt das Wasser tief über die Felsen aus Granit. Der Blauenthaler Wasserfall ist der höchste in ganz Sachsen und ein eindrucksvolles Beispiel der Naturgewalten. Und das, obwohl er künstlichen Ursprungs ist.

Über eine Felswand schießt das Wasser in Kaskaden zu Tale, um sich anschließend mit der gemütlich dahinplätschernden Bockau zu vereinigen. Stolze 30 Meter Fallhöhe weist der Wasserfall in der Nähe von Blauenthal, einem Ortsteil von Eibenstock, auf. Nach dem Ersten Weltkrieg wurde er künstlich angelegt. Damals ließ der Besitzer der Toellischen Holzstoff- und Papierfabrik einen Graben oberhalb einer steilen Felswand ausbuddeln, um mit dem Wasser seine Turbinen anzutreiben. Sonntags und an Feiertagen aber standen die Maschinen still. Dann ließ der Fabrikbesitzer das Wasser über die Felswand umleiten und ins Tal stürzen. So entstand der Blauenthaler Wasserfall. Auch nach der Schließung der Schleiferei ist er erhalten geblieben und hat sich im Laufe der Jahre zu einem Anziehungspunkt für Wanderer und Besucher entwickelt.

Im Winter, wenn es sehr kalt ist, gefriert das Wasser und bildet bizarre Eisformationen. Dann lässt sich dort der seltene Sport des Eiskletterns ausüben.

Verschiedenste Wege rund um den Wasserfall und ins Blauenthal laden Sie zum Wandern ein. Empfehlenswert sind beispielsweise der Drei-Talsperren-Wanderweg oder ein Ausflug zum Auersberg. Nur wenige hundert Meter vom Wasserfall entfernt, an der Zimmersacher Straße, gibt es einen Parkplatz, sodass die sprudelnde Sehenswürdigkeit auch für Leute geeignet ist, die nicht so weit laufen wollen oder können.

Informationen: Tourist-Service-Center Eibenstock, Dr.-Leidholdt-Straße 2, 08309 Eibenstock; Tel.: 037752/2244; www.eibenstock.de.

Öffnungszeiten: Der Wasserfall ist jederzeit frei zugänglich. Eintritt: frei.
Anfahrt: zum Wasserfall B283 Abfahrt Blauenthal.

90 Weltmeisterlich saunieren

Heiß, heißer, Badegärten Eibenstock. Die wohl größte sächsische Saunalandschaft lädt ihre Gäste ein, unterschiedlichste Schwitzkulturen kennenzulernen und auf eine Sauna-Reise durch Finnland, Italien, Nordamerika, Japan, Russland, Türkei und Deutschland zu gehen.

Hier können Sie sicher sein, in einer der weltbesten Saunen Gast zu sein, in einer Sauna der Weltmeister des Gesunden Aufgusses. Denn so darf sich Sylvia Spielvogel seit Herbst 2013 nennen. Um ins Schwitzen zu kommen, ist ein richtiger Aufguss das A und O. Mit verschiedenen Wedeltechniken, ihrem eigens kreierten Kräuteraufguss „Abenteuer im Zauberwald" und als Hexe verkleidet, überzeugte Sylvia Spielvogel die Jury und setzte sich gegen ihre Konkurrenten durch. Am Start bei der Weltmeisterschaft waren mehr als 20 Teilnehmer aus Deutschland, Österreich, der Schweiz, Ungarn und Tschechien. Der nächste Wettbewerb ist für 2016 geplant.

Aber nicht nur Sauna-Fans kommen in den Badegärten Eibenstock auf ihre Kosten, sondern auch diejenigen, die Wellness, Spaß und Erholung suchen. Geboten wird neben einer großen Badehalle mit 25-Meter-Schwimmbecken, Whirlpool und Sprudelliegen, einem Familiengarten mit 106 Meter langer Riesenrutsche und beheiztem Außenbecken auch ein Spa-Bereich mit jeder Menge tollen Angeboten für Massagen, Kosmetikbehandlungen und vielem mehr.

Seit 1997 gibt es die Badegärten Eibenstock mit ihrer unglaublichen Angebotsvielfalt.

Und es kommen immer noch neue Attraktionen hinzu: Jüngst ein mehrstöckiges russisches Sauna-Haus an einem extra geschaffenen See.

Information: Badegärten Eibenstock, Am Bühl 3, 08309 Eibenstock ; www.badegaerten.de.
Öffnungszeiten: Mo–Do, So 10–22 Uhr, Fr, Sa 10–23 Uhr.

Eintritt: Bad: ab 9,50 €, Kinder ab 6,50 €; Sauna: ab 30 €, Kinder (7 bis 16 Jahre) ab 27 €.
Anfahrt: Ab Aue B283.

91 Achterbahnen-Fahrspaß im Freizeitpark Plohn

Das Geheimnis von „Gold Creek City“ wird im Freizeitpark Plohn gelüftet. Denn hier befindet sich Deutschlands größte Western-Indoor-Achterbahn, eine Attraktion, die die ganze Familie begeistert.

Schon ab vier Jahren und einer Mindestgröße von einem Meter können sich Kinder in Begleitung Erwachsener ins Fahrvergnügen stürzen. Die Achterbahn hat eine Streckenlänge von 270 Metern. Eine Fahrt umfasst zwei Runden. Bei der ersten hat der Mitfahrer im liebevoll gestalteten Westernzug genügend Zeit, die fantasievollen Kulissen zu betrachten. Doch auf der zweiten Runde wird die Fahrt rasant beschleunigt: Während man mit bis zu 40 Kilometern pro Stunde dahinsaust, sorgen gespenstische Licht- und Soundeffekte für noch mehr Nervenkitzel. Was echte Fans im Freizeitpark Plohn noch zu schätzen wissen: Es gibt eine zweite Achterbahn. „El Toro“ gilt mit einer Höhe von 28 Metern und einer Höchstgeschwindigkeit von bis zu 75 Kilometern pro Stunde als höchste und wildeste Holzachterbahn Ostdeutschlands. 2011 zur „Besten Holzachterbahn Europas“ gewählt, belegt „El Toro“ damit gleichzeitig den siebenten Platz der Weltrangliste der Holzachterbahnen.

Insgesamt bietet der Freizeitpark mehr als 80 Attraktionen. Verschiedene Themenwelten wie das Dorf der Gallier oder der Märchenwald verzaubern nicht nur die kleinsten Gäste, sondern versetzen auch Erwachsene in ihre Kindheit zurück. Auf dem Weg zum Saloon befindet sich ein Tierpark. Direkt daneben gibt es eine Wildwasserrutsche, wo einem bei einer rasanten Talfahrt schon mal der Atem stockt. Im Dinoland macht der Besucher Bekanntschaft mit Sauriern, Krokodilen und Drachen. Wer möchte, kann sich auch ans Steuer echter Oldtimer setzen oder Zugführer sein.

Information: Freizeitpark Plohn, Rodewischer Str. 21, 08485 Lengenfeld; Tel.: 037606/866500; www.freizeitpark-plohn.de.

Öffnungszeiten: Ostern bis Ende Okt., täglich ab 10 Uhr. Der Park schließt je nach Saison 17 oder 18 Uhr.

Eintritt: Tageskarte 26,50 €, Kinder (4 bis 14 Jahre) 23,50 €.

Anfahrt: A72, Abfahrt Zwickau-West, dann in Richtung Lengenfeld/Rodewisch, erste Ampelkreuzung vor dem Gewerbegebiet Lengenfeld links nach Plohn. Mit der Vogtlandbahn 1 bis Lengenfeld Bahnhof, weiter mit der Regionalbuslinie V-66, V-88 oder der Freizeitbuslinie Vogtland 8879 bis zur Haltestelle Plohn, Märchenpark.

92 Die Göltzschtalbrücke: Meisterliche Baukunst

Die größte Ziegelsteinbrücke der Welt steht im Vogtland. Westlich von Mylau überspannt der prächtige Bau das Flusstal der Göltzsch. Was die Brücke von anderen unterscheidet, ist die gewaltige Anzahl an Ziegelsteinen darin: Insgesamt 26 Millionen Stück wurden in 4 Etagen und 81 Bögen vermauert.

Die Spannweite des größten Bogens beträgt 30,9 Meter. Während der Bauphase und fürs Gerüst hatte man 23.000 Baumstämme benötigt. Errichtet wurde die Göltzschtalbrücke von 1846 bis 1851 beim Bau der Eisenbahnstrecke Leipzig–Nürnberg über Altenburg, Reichenbach, Plauen und Hof. Die Gesamtkosten betrugen 6,6 Millionen Goldmark. Der aus dem vogtländischen Wernesgrün stammende Johann Andreas Schubert (1808–1870) ist der Konstrukteur dieses Meisterwerkes. Der Bau selbst war eine außergewöhnliche Herausforderung für alle Beteiligten. Von 1.726 Arbeitern verunglückten bei 1.300 Unfällen in fünf Jahren 31 tödlich.

Nach ihrer Vollendung wurde das 78 Meter hohe und 574 Meter lange Bauwerk schnell zum Touristenmagnet. Eine Fahrt über das riesige Viadukt in solcher Höhe galt als besonderes Erlebnis. Voller Stolz verbreiteten Besucher seit 1900 das Bild der Göltzschtalbrücke auf Ansichtskarten, sogar Sonderbriefmarken gab es.

Heute gilt das Ziegelsteinbauwerk als Wahrzeichen des Vogtlandes. Jährlich pilgern tausende Touristen und Neugierige dorthin, um sich von der Wucht und Besonderheit dieses Monuments selbst zu überzeugen. Das Gelände vor der Brücke wird für Open-Air-Konzerte und Feste aller Art genutzt. Den besten Blick auf die Brücke gibt es vom Parkplatz P1. Dort befindet sich auch ein Info- und Fotopunkt.

Information: Der Fremdenverkehrsverein Nördliches Vogtland bietet vor Ort interessante und unterhaltsame Vorträge und Führungen an. Tel.: 03765/392808. www.goeltzschtalbruecke.info.

Eintritt: Preis bei Führungen: 1,50 €/Pers. mindestens 15 €.

Anfahrt: Von Reichenbach aus auf der B173 Richtung Plauen, vor dem Ortseingang Netzschkau rechts, dann ca. 500 Meter in Richtung Greiz.

93 Panoramablick über das Vogtland

Die Talsperre Pöhl im Vogtland kennt jeder. Weniger bekannt und deshalb ein echter Geheimtipp ist in unmittelbarer Nähe der Julius-Mosen-Turm. Das 14 Meter hohe Bauwerk thront rund zwei Kilometer von der Staumauer entfernt auf einer Lichtung des 435 Meter hohen Eisenberges.

Exakt 74 Stufen führen hinauf auf den Turm. Es ist ein Aufstieg, der sich lohnt. Denn oben angekommen, offenbart sich von der Aussichtsplattform ein herrlicher Panoramablick auf die umliegende Landschaft: die Talsperre Pöhl, die Elstertalbrücke, die mittelvogtländische Kuppenlandschaft mit dem Elstertal und der höheren Elster-Saale-Schwelle. Bei schönem Wetter und klarer Sicht lassen sich in westlicher Richtung sogar die Höhen bei Reuth und Misslareuth sehen. Im Norden schweift der Blick bis weit ins Thüringer Land hinein.

Seit mehr als 100 Jahren gibt es dieses Ausflugsziel bereits. Errichtet 1882, bestand der Turm zunächst komplett aus Holz. Nur 15 Jahre später musste er jedoch aufgrund seines schlechten baulichen Zustandes durch einen steinernen Turm ersetzt werden.

Dieser wiederum hielt dann genau 98 Jahre. 1995 wurde der Julius-Mosen-Turm erneut instand gesetzt und zusätzlich mit einer Haube aus Edelstahl versehen. Seinen heutigen Namen erhielt der steinerne Riese übrigens erst 1953, anlässlich des 150. Geburtstages des vogtländischen Heimatdichters Julius Mosen (1803–1867).

Miss Peggys Tipp

Wer zum Mittelpunkt der Erde reisen möchte, sollte nach Pausa fahren. Bereits vor Hunderten von Jahren haben die Vogtländer festgelegt, dass sich die Erdachse, ohne die sich die Weltkugel ja nicht drehen würde, in Pausa befindet. Und so sieht jeder, der Pausa besucht, als erstes auf dem Rathausdach den 1.200 Kilogramm schweren Globus mit der Aufschrift „Mittelpunkt der Erde". Die Erdachse tritt im Keller des Rathauses zutage, kann dort besichtigt und auch mit Erdachsenschmiere geölt werden. Na ja, um genau zu sein, handelt es sich dabei um süffigen Kräuterlikör.

Eintritt: frei.

Anfahrt: Auch wenn das Navigationsgerät im Auto anderer Meinung ist: Der Aussichtsturm ist nur zu Fuß erreichbar. Und dies in rund 20 Minuten gemütlichen Schrittes auf gut ausgeschilderten Wegen vom Campingplatz der Talsperre Pöhl aus. Festes Schuhwerk ist empfehlenswert.

94 Erlebnistag beim Falkner

Einmal aus der Nähe einen majestätischen Falken oder Bussard fliegen sehen, eine Eule beobachten: In Plauen können Besucher dem Falkner Hans-Peter Herrmann über die Schulter schauen. Er hat sich das Vertrauen seiner Greifvögel erarbeitet. Nicht ohne Grund wurde die Falknerei sogar zum Unesco-Weltkulturerbe erklärt.

Besonders die Flugvorführungen erfreuen sich immer größerer Beliebtheit. Denn die Besucher können dabei die Greifvögel nicht nur in der Luft beobachten, sondern erhalten auch jede Menge Informationen über die Lebensweise der Greifvögel, ihr Verhalten und ihre Gefährdung in freier Natur durch Umweltzerstörung oder den Menschen direkt. Die gut 45-minütige Vorstellung zeigt ebenso die verschiedenen Jagdarten der unterschiedlichen Greifvögel und Eulen. Wer möchte, kann auch einen ganzen Tag in der Falknerei verbringen, den Experten bei ihrer Arbeit zuschauen und unter fachkundiger Anleitung selbst beim Füttern und Trainieren der Vögel mithelfen. Oder Sie gehen mit dem Falkner und seinem Team auf eine spannende Walderlebnistour und erlernen das Pirschen, während die Greifvögel Sie in den Bäumen oder auf Ihrer Faust begleiten.

Miss Peggys Tipp

An der B282 in Mehltheuer befindet sich das kleinste Musikinstrumenten-Museum der Welt. In einem Wohnhaus werden auf nur 32 Quadratmetern mehr als 350 museale Raritäten ausgestellt. Auch gibt es eine Schauwerkstatt, in der sogar Zupf-, Streich- und Zungeninstrumente hergestellt werden. Das Museum veranschaulicht viele Jahrhunderte Musikgeschichte bis zur heutigen Zeit. 2001 bekam es dafür einen Eintrag ins Guinness-Buch der Rekorde.

Information: Hans-Peter Herrmann, Pfaffengutstrasse 4, 08525 Plauen, www.falknerei-herrmann.de.
Öffnungszeiten: Flugvorführungen (Apr.–Nov.) Di–So 15 Uhr; Erlebnistag als Falkner und Walderlebnistouren nach Voranmeldung.
Eintritt: 5,50 €, Kinder (bis 14 Jahre) 4 €.
Anfahrt: über die B92.

95 Plauen unter Tage: Alaunbergwerk „Ewiges Leben“

Mit Schutzhelm auf dem Kopf und einem herzlichen „Glück auf“ auf den Lippen geht es hinein ins Alaunbergwerk „Ewiges Leben“ in Plauen. Fast 300 Jahre lang wurde unter dem jetzigen Zentrum der Stadt, im Bereich zwischen Vogtlandtheater bis hin zum Oberen Bahnhof, Alaunschiefer gefördert.

Die beiden Marienberger Bergleute Martin Schilling und Franz Lingk waren es, die sich 1542 dranmachten, in Plauen Alaunschiefer abzubauen. Damit erschlossen sie die Grube, die schließlich bis ins Jahr 1826 genutzt werden sollte. Der abgebaute Schiefer wurde aufwendig zu Alaunsalz weiterverarbeitet, ohne das zur damaligen Zeit die Gerbereien und Färberwerkstätten nicht arbeiten konnten.
Heute ist das Alaunbergwerk ein historisches Kleinod. Mitglieder des Bergknappenvereins öffnen Ihnen dafür gern die Türen. Sogar Schatzsuchen und Kindergeburtstage werden organisiert. Unter Tage herrscht eine konstante Temperatur von 9 Grad Celsius und 92 Prozent Luftfeuchte. Bei den rund einstündigen Führungen tauchen Sie in die Unterwelt von Plauen ab, um die Zeit des Alaunschieferabbaus nachzuempfinden. Neben dem Eingangsgewölbe bekommen die Besucher als erstes die Knappenstuben zu sehen, dann den Technikraum, die Wasserzisterne, Teile des Altbergbaus, eine im Jahr 2000 gefundene, in das Ganggestein gehauene Inschrift und viele weitere historische und bergbaulich interessante Dinge. Erklärt wird auch die spätere Nutzung dieses alten Bergwerkes als Luftschutzanlage während des Zweiten Weltkrieges. Einige „Durchschläge“ sind noch immer zu erkennen. Wer noch mehr „Plauen unter Tage“ erleben möchte, kann das Luftschutzmuseum am Schlossberg und den Zollkeller in der Neundorfer Straße besuchen.

Information: Alaunbergwerk Plauen, Reichsstraße 9, 08523 Plauen; Tel.: 03741/529426; www.alaunbergwerk-plauen.de; für Rollstuhlfahrer geeignet.
Öffnungszeiten: nach telefonischer Vereinbarung.

Eintritt: 3 €, Kinder (6 bis 16 Jahre) 2 €.
Parken: Parkplätze in der Reichsstraße im Parkhaus des Einkaufszentrums „Kolonnaden", Entfernung zum Bergwerk ca. 50 Meter.

96 Steinerne Mystik: Die Drachenhöhle Syrau

Diese unterirdische Schatzkammer war ein reiner Zufallsfund: Der heutige Höhlenpark war ein Kalksteinbruch. Beim Anfertigen eines Sprenglochs rutschte im März 1928 dem Steinbruchmeister Ludwig Undeutsch ein Meißel in eine Felsspalte. Beim Versuch, ihn zu finden, entdeckte sein Sohn Willy den größten Raum der Höhle, die 40 Meter lange Walhalla.

Schnell wurde der Fund bekannt. Innerhalb von nur einer Woche entschied sich die Gemeinde Syrau für den Ausbau. Am 28. September 1928 wurde die Höhle schließlich für Besucher freigegeben.

Was das Ganze mit einem Drachen zu tun hat, erfahren Sie bei einer Führung. Nach 81 Stufen abwärts tauchen Sie 16 Meter unter Tage in eine Welt voller beeindruckender Tropfstein- und Lehmformationen, Seen mit kristallklarem Wasser, Sintersteine und frei hängender Stein-Gardinen ein. Die bizarren Formen sind das Reich des Drachen Justus, der der Sage nach dort seit Jahrtausenden lebt. Zwischen Mai und August endet jede Führung mit einer Lasershow in der verwunschenen Welt – in der sich auch viele Brautpaare das Ja-Wort geben.

Direkt über der Drachenhöhle lädt der Höhlenpark zum Bummeln ein. Am Höhlenausgang liegt der Erlebnisgarten „Terra viva – lebendige Erde“. Dort spürt man, wie es sich anfühlt, wenn die Erde wackelt. Nicht weit entfernt befindet sich eine historische Windmühle samt Mühlenmuseum.

Da die Höhlentemperatur zehn Grad beträgt, sind auch im Hochsommer eine Jacke und festes Schuhwerk vorteilhaft.

Information: Drachenhöhle Syrau, Höhlenberg 10, 08548 Rosenbach/OT Syrau; Tel.: 037431/3735; www.drachenhoehle.de.
Öffnungszeiten: Apr.–Okt. täglich 9.30–17 Uhr; Nov., Feb., März täglich 10–16 Uhr; Dez.–Jan. gesonderte Öffnungszeiten.
Eintritt: ohne Lasershow: 6,50 €, Kinder (4 bis 14 Jahre) 4 €, mit Lasershow zzgl. 1,50 €, Familienkarte: 19/25 €.
Anfahrt: Über die B92 oder die B282 nach Syrau. Die Höhle liegt im Zentrum der Gemeinde.

Fels aus Edelstein: Europas Topas

97

Im südöstlichen Vogtland, im Wald zwischen Klingenthal und Tannenbergsthal, versteckt sich ein geologisches Schmankerl: der Schneckenstein – Europas einziger oberirdischer Topasfelsen. Mehr als 300 Millionen Jahre ist er alt.

Die Edelsteine aus dem imposanten Felsen zieren die Königskronen von England und Schweden. Auch August der Starke ließ prunkvolle Schmuckstücke damit verzieren.
Seinen Namen erhielt das in sich gewundene Gestein vermutlich von seiner ursprünglichen Form, die an ein Schneckenhaus erinnerte. Das fiel 1727 dem Kürschner Christian Kraut aus Auerbach auf einer Handelsreise auf. Er entdeckte die Steine, ließ sie schleifen und verkaufte sie, bis auch der Hof von August dem Starken auf den wertvollen Topasfelsen aufmerksam wurde. Damit begann der Ansturm auf die sächsischen Diamanten. Rund 150 Jahre lang wurden die weißen bis gelblichen Schmucksteine abgebaut, bis vom einstigen Felsen nur noch ein Drittel übrig war. Dieser Rest steht seit 1938 unter Naturschutz. Zu DDR-Zeiten diente der Felsen Forschungszwecken und durfte nur mit Sondergenehmigung betreten werden. Da immer wieder Hobby-Mineralogen und Plünderer am Schneckenstein suchten, ist das Gelände eingezäunt. Einige der schönsten Topase können Sie im Grünen Gewölbe in Dresden bestaunen. Viele Topasfundstücke vom Schneckenstein sind außerdem im Topaszimmer des Vogtländisch-Böhmischen Mineralienzentrums in Schneckenstein ausgestellt. Das Museum wurde 2005 neben dem Besucherbergwerk Tannenbergsthal eröffnet.

Information: Vogtländisch-Böhmisches Mineralienzentrum, Zum Schneckenstein 42, 08262 Tannenbergsthal; Tel.: 037465/41993; www.schneckenstein.de.

Öffnungszeiten: Mai–Okt. Di–So 10–17 Uhr; Mo: Ruhetag.
Eintritt: 1 €, erm. 0,50 €.
Anfahrt: A72 Hof–Dresden, Ausfahrt Plauen, Richtung Falkenstein/Hammerbrücke/Tannenbergsthal/Schneckenstein.

98 Faszination Raumfahrt in Morgenröthe-Rautenkranz

Rund 700 Einwohner leben auf waldreichen 32 Quadratkilometern in Morgenröthe-Rautenkranz. Dafür ist der Ort weithin bekannt: aus dem Wetterbericht, in dem er gern der Kältepol Sachsens genannt wird. Viel bedeutender aber ist die deutschlandweit einmalige Ausstellung über Raumfahrt und Weltraumforschung.

Schon von der Ferne sichtbar begrüßt auf dem Außengelände eine MiG 21 die Besucher der Deutschen Raumfahrtausstellung. Drinnen bringen mehr als 1.000 Modelle und Originale, die die Entwicklung der Raumfahrt dokumentieren, Groß und Klein zum Staunen und lassen von den Weiten des Weltalls träumen. Zu den Höhepunkten gehören der MIR-Simulator und das Columbus-Modul. Fast alle deutschen, aber auch viele russische und amerikanische Kosmonauten und Astronauten haben mit persönlichen Geschenken im Zusammenhang mit ihren Missionen dazu beigetragen, diese Schau besonders zu machen. Eng verbunden ist das Raumfahrtmuseum mit Sigmund Jähn. Er ist Stammgast sowohl in der Ausstellung als auch in Morgenröthe-Rautenkranz, seinem Heimatort, wo er 1937 geboren wurde. Er hält Vorträge, gibt Autogrammstunden, vermittelt Kontakte. Und erzählt von damals, diesem 26. August 1978, als er als erster Deutscher überhaupt ins All aufbrach.

In Baikonur hob die Sojus 31 ab, an Bord Jähn und sein sowjetischer Partner Valerij Bykowski. In 7 Tagen, 20 Stunden und 49 Minuten umrundete der Weltraumpionier aus Sachsen 125 Mal die Erde, stattete der sowjetischen Raumstation Saljut 6 einen Besuch ab, machte Fotos von der Erdoberfläche und führte Experimente durch. Ein Raumanzug, den er damals trug, hängt heute, wie sollte es anders sein, in der Raumfahrtausstellung in Morgenröthe-Rautenkranz. In einer Seitentasche steckt sogar noch das originale Sandmännchen, welches Sigmund Jähn auf seinem Weltraumflug begleitet hatte.

Information: Deutsche Raumfahrtausstellung, Bahnhofstraße 4, 08262 Muldenhammer/ OT Morgenröthe-Rautenkranz; Tel.: 37465/2538; www.deutsche-raumfahrtausstellung.de.

Öffnungszeiten: täglich von 10–17 Uhr (letzter Einlass um 16.30 Uhr). Eintritt: 6 €, Kinder (6 bis 16 Jahre): 3,50 €, Familienkarte: 16 €. Anfahrt: über die B283.

99 Hier fliegen Skiadler: Vogtland-Arena Klingenthal

Die Vogtland-Arena in Klingenthal, 2006 eingeweiht, zählt zu den größten und modernsten Skisprungschanzen Europas (K125 Meter). Sie ist Schauplatz vieler Sportveranstaltungen. Ganzjährig finden Wettkämpfe statt, darüber hinaus stehen Trainingsbesuche internationaler Skisprung-Teams auf dem Programm.

Der erste Weltcup im Skispringen fand 2007 in der Vogtland-Arena statt. Seit 2009 kommt jährlich die Weltelite der Skispringer zum Weltcup im Rahmen der FIS-Team-Tour nach Klingenthal. Aber auch im Sommer, zum FIS-Sommer-Grand-Prix, wird gesprungen – auf Mattenbelag. Der Schanzenrekord liegt bei 146,5 Metern, aufgestellt vom deutschen Skiadler Michael Uhrmann im Februar 2011. Neben den Skispringern gehören auch Nordisch Kombinierte aus der ganzen Welt zu den Gästen der Vogtland-Arena.

Doch damit nicht genug: Der Arena-Bereich im Auslauf ist ein ideales Areal für Veranstaltungen von Klassik bis Rock, vom Feuerwerksspektakel bis zum Heavy-Metal-Festival. Namhafte Künstler wie Peter Maffay oder Chris de Burgh gaben dort schon Konzerte. Sogar heiraten kann man in der Vogtland-Arena. Die Trauungen finden in der Aussichtskapsel an der Großschanze statt. Brautpaare werden an dem Ort getraut, wo sonst die weltbesten Skispringer in die Anlaufspur gehen. Die schwebende Aussichtskapsel am Schanzenturm in 35 Metern Höhe erreichen Brautpaar und Hochzeitsgäste mittels Erlebnisbahn und Schanzenfahrstuhl. Die einzigartige Leichtbauweise der Großschanze mit ihrem Schanzenturm, auf dem scheinbar schwebend die Aussichtskapsel thront, macht das Wintersportzentrum auch zu einer architektonischen Attraktion. Den Schanzenturm kann man übrigens auch während einer Führung besichtigen.

Information: Vogtland-Arena, Falkensteiner Straße 133, 08248 Klingenthal; Tel.: 037467/2808610; www.weltcup-klingenthal.de.
Öffnungszeiten: täglich 10–17 Uhr, Nov.–Jan. täglich 10–16 Uhr.
Eintritt: ab 1 €, Kinder (ab 6 Jahre) ab 1 €, Familienkarte: 16 €. Während Wettkämpfen oder anderen Events gelten die Eintrittspreise und Bedingungen des jeweiligen Veranstalters.
Anfahrt: A72, Abfahrt Plauen-Süd über Oelsnitz, Schöneck nach Klingenthal; A72, Abfahrt Zwickau-West über Lengenfeld, Auerbach nach Klingenthal.

100 Die weltgrößte Geige spielt in Markneukirchen

Nirgendwo sonst gibt es so viele ausgezeichnete Meister des Musikinstrumentenbaus wie in der Region um Markneukirchen. Seit mehr als 300 Jahren tüfteln die Menschen hier an klang- und formschönen Musikinstrumenten. Einen komplexen Überblick über all die klingenden Kunstwerke bietet das Musikinstrumenten-Museum Markneukirchen. Zu den Höhepunkten der Exponate gehören die weltgrößte Geige (4,27 Meter) mit Bogen (5,22 Meter) und die tiefste Tuba.

Riesengeige und Riesenbogen entstanden 2010 aus Anlass der 650-Jahr-Feier der Stadt Markneukirchen. 15 Instrumentenbauer arbeiteten 1.700 Stunden an diesem Unikat. Ein Kubikmeter Fichtenholz und Ahorn, 40 Kilogramm Ebenholz, mehrere Kilogramm Leim, teure Lacke und viel Berufserfahrung hat die Geige benötigt. Schließlich aber schaffte sie es 2012 ins Guinness-Buch der Rekorde. In Nachbarschaft zur Geige steht die tiefste Tuba weltweit, die spielbar und musikalisch voll einsetzbar ist. Die Rohrlänge beträgt 11,20 Meter. Werden alle vier Ventile getätigt, wird eine Luftsäule von annähernd 20 Metern in Schwingung gebracht. Um den tiefsten Ton, das Subkontra B (B2), zu spielen, braucht man nicht nur die richtige Körpergröße, sondern auch unwahrscheinlich viel Luft. Seit Februar 2011 ist sie im Museum ausgestellt und wird zu besonderen Anlässen von dem Dresdner Tuba-Professor Jörg Wachsmuth gespielt. Eine weitere Rarität der Schau ist das 1938 in Zwota gebaute Piano-Akkordeon mit 128 Diskanttasten und 360 Bässen. Das 1,80 Meter hohe und über 100 Kilogramm schwere Instrument konnte nur auf Rädern transportiert und von mehren Musikern bedient werden. Seit 1967 steht es im Museum. Es ist ebenfalls im Guinness-Buch der Rekorde aufgeführt.

Übrigens: Auch Adam Clayton von der irischen Rockband U2 weiß die Qualität des vogtländischen Musikinstrumentenbaus zu schätzen. Er spielt auf einer E-Bassgitarre aus der Manufaktur Warwick.

Information: Musikinstrumenten-Museum Markneukirchen, Bienengarten 2, 08258 Markneukirchen, Tel.: 0374 22/2018; www.museum-markneukirchen.de.

Öffnungszeiten: Di–So: Apr.–Okt. 10–17 Uhr, Nov.–März 10–16 Uhr.
Eintritt: 5,50 €, erm. 5 €, Kinder bis 16 Jahre frei, Schüler/ Studenten 3 €.
Anfahrt: von der B283 der Schönecker Straße folgen. Der Rundgang beginnt am Gerberhaus.

Register

EXTRATIPP: Ein Erlebnisausflug zu Radeberger Pilsner!

Schon immer besonders

Die kurzweilige und informative Brauereibesichtigung gibt Einblick in alle Prozesse rund um Herstellung und Abfüllung von Radeberger Pilsner. Der Rundgang endet mit der fachkundigen Verkostung von Radeberger Pilsner und Zwickelbier (unfiltriertes Radeberger Pilsner). Bei Bedarf wird auch in englischer Sprache geführt.
Zwei Themenführungen ergänzen die bierige Erlebnispalette: die „Adventsführung" oder der „Gesellige Zapferkurs".

Radeberger Exportbierbrauerei
Dresdner Straße 2 · 01454 Radeberg
Tel. 03528 454880
brauereibesichtigung@radeberger.de
www.radeberger.de
(um Voranmeldung wird gebeten)

Impressum

Sutton Verlag GmbH
Hochheimer Straße 59
99094 Erfurt
www.suttonverlag.de

ISBN: 978-3-95400-676-2
Gestaltung und Satz: Sutton Verlag
Druck: Printer Trento / Italien
Kartografie: Heidi Schmalfuß, München

Bildnachweis

Archiv Bergmannsblasorchester Kurbad Schlema e.V.: S. 153; August-Horch-Museum Zwickau: S. 135 u., BELANTIS: S. 33, Einband hinten o.l.; David Brandt: S. 83 u.; Deutsches BaumHausHotel/Kulturinsel Einsiedel: S. 51; Deutsche Raumfahrtausstellung: S. 183; Deutsches Uhrenmuseum Glashütte - Nicolas G. Hayek: S. 105; DVB AG: S. 81; Falknerei Herrmann: S. 177; FOTOGRAFISCH-Juliane Mostertz: S. 53; Frank Fickelscherer-Faßl: 187 o.; Freizeitpark Plohn: S. 171; Gemeinde Drebach/ Jens Dageförde: S. 143; Jan Görner: S. 145; Heimatverein Beilrode/Dietmar Heinrich: S. 13; Nick Hufton/Daniel Libeskind: S. 83 o.; Andreas Jahn: S. 17 u.; Kanupark Markkleeberg: S. 31; Kloster St. Marienthal: S. 63; Krabat Mühle: S. 65; Kulturamt Zwickau: S. 137 u.; Gotthard Ladegast: S. 43 u.; Landratsamt Nordsachsen/Wolfgang Sens: S. 9; Lausitzer Seenland/Marcus Heberle: S. 47, Einband hinten M. o.; Sabine Leppek: S. 167, 175; 185; Ellen Liebner/Jan Hesse: 187 u.; Manufakur MEISSEN: S. 73; © Heike Nyari: S. 7 o.; OVPS/Solveig Großer: S. 99; Heinz Patzig: S. 55, 115, 117 u., 119, 121, 123, 125, Einband hinten o.r., 127, 135 o, 139, 141, 147, 155, 157, 159 u., 161, 163, 165 u., 169; Igor Pastierovic: S. 179; Picture Alliance/Hendrik Schmidt: Einband Mitte l., Einband u.r.; Picture Alliance/Jan Woitas: S. 25; Pfunds Molkerei: S. 91; RADIO PSR/Isabell Thürmer: Miss Peggy: Einband hinten, S. 5, Tipps; Jan Rieger: S. 113 o.; Sächsische Dampfeisenbahngesellschaft/Andreas Schmidt: S. 79; Sächsische Dampfeisenbahngesellschaft: S. 165 o.; Shutterstock/almgren: S. 75; Shutterstock/ Dainis Derics: S. 57; Shutterstock/Dziurek: S. 45 u.; Shutterstock/Sergey Dzyuba: S. 21; Shutterstock/Edler von Rabenstein: S. 117 o.; Shutterstock/Karel Gallas: S. 71; Shutterstock/Karen Grigoryan: S. 11; Shutterstock/Andre Helbig: S. 35; Shutterstock/ javarman: Einband o.; Shutterstock/Jule_Berlin: S. 85; Shutterstock/jopelka: Einband u.l.; Shutterstock/Art Konovalov: S. 93; Shutterstock/RobertKuehne: S. 19; Shutterstock/Irina Kuzmina: S. 95 u.; Shutterstock/Laitr Keiows: S. 97 u.; Shutterstock/ Jacob Lund: S. 107; Shutterstock/LianeM: S. 43 o., 45 o., 95 o., 103, 131, 173 o.; Shutterstock/mango-two-friendly: S. 61; Shutterstock/Migel: S. 173 u.; Shutterstock/ mije_shots: S. 97 o.; Shutterstock/Petroos: S. 101; Shutterstock/ MarclSchauer: S. 17 o.; Shutterstock/ tagstiles.com - S.Gruene: S. 87; Stadt Annaberg-Buchholz/Dirk Rückschloss: S. 149 o., 151; Stadt Annaberg-Buchholz/Matthias Förster: S. 149 u.; Stadt Freiberg/Ralf Menzel: S. 109, 111; Stadtverwaltung Löbau: S. 69; Stadt Weißenberg/Andreas Eßlinger: S. 59; Stadt Werdau: S. 133; Stadt Zwickau/ Helge Gerischer: S. 137 o.; Stiefelmuseum Leisnig: S. 37; Terra Mineralia: S. 113 u.; Tourist-Information „Rochlitzer Muldenthal" e.V./Nadin Poster: S. 41; Traditionsverein Döbelner Pferdebahn e. V.: S. 39; Vattenfall: S. 159 o.; ©x.coderegius: S. 7 u.; Zoo Leipzig: S. 27.